서희건설 회장 이봉관 장로의 삶과 신앙
CEO의 기도

당신이 하나님을 더 깊이 알아 가고 더 널리 알리는 사람이 되는 것. 이 책에 담긴 예수전도단의 마음입니다. 말씀을 통해 저자가 깨닫고, 원고를 통해 저희가 누릴 수 있었던 그 감동이 책을 통해 당신에게도 전해지기 원합니다. 그리고 당신을 통해 그 기쁨과 은혜가 더 많은 이들에게 계속해서 흘러가기를 기도하겠습니다. 이 책을 통해 당신이 받은 은혜를 다른 분들께도 나눠 주십시오. 사랑하고 축복합니다.

ⓒ 이봉관, 2016

본 저작물의 한국어판 저작권은 와웸퍼블에 있습니다.
저작권법에 의해 보호받는 저작물이므로 무단 전재와 복제를 금합니다.

서희건설 회장 이봉관 장로의 삶과 신앙

CEO의 기도

이봉관 지음

와우엠퍼블

추천의 글

이봉관 장로님의 삶은 마치 다윗의 생애 같습니다. 성경에는 다윗의 이야기가 많이 나오는데, 그의 생애는 매우 감동적입니다. 그의 발걸음 하나하나에 메시지가 담겨 있고, 그의 생애는 온 인류에게 힘과 용기와 희망과 도전을 주는 삶이었습니다. 그래서 링컨도 어려서부터 다윗을 좋아했고, 다윗의 시편을 다 외웠다고 링컨을 연구한 학자가 발표한 바 있습니다. 그는 어려서부터 고난이 많았지만, 하나님을 의지하고 성전을 사랑하였으며, 눈물의 기도가 끊임없이 이어졌고 인간미와 정도 특별히 많은 사람이었습니다.

저는 이봉관 장로님의 책을 한순간에 읽었습니다. 읽으면서 눈물을 많이 흘렸습니다. 어머니를 너무나도 사랑해서 직장을 가진 여성과 결혼하였고, 어머니가 아들을 위해 부엌에서 밥을 지을 수 있도록 생각한 효심은 감동 이상이었습니다.

이 장로님은 맨발로 황야를 뛰어다니며 목동의 훈련을 받았습니다. 한국 교회가 장로님을 존경하고 있습니다. 장로님은 기업가로서 크게 성공했고, 자녀의 복도 받으셨습니다. 딸 셋 중 두 명은 서울대, 한 명은 이화여대를 졸업했고, 그중 막내는 검사이고, 두 사위는 판사, 한 사위는 검사입니다. 이것은 원한다고 해서 되는 것이 아니며 하나님께서 다윗을 사랑하시듯 장로님을 사랑하시는 것이 확실합니다.

　책의 기도문도 시적이고 찬송과 같아서 감동을 받으며 읽고 또 읽었습니다. 저도 산골에서 새끼줄을 꼬고 소에게 꼴을 먹이며 자랐습니다. 잘 곳이 없어 아무 데나 자고 아무 옷이나 입고 자랐습니다. 먹고 자고 입을 것 하나 없었어도 교회만은 철저히 다녔습니다. 장로님은 저의 신앙의 동지와 같기에 더욱 마음속 깊이 사랑하고 존경합니다. 바라기는 많은 분들이 이 책을 보시고 울기도 하고 웃기도 하며 큰 은혜를 받으셨으면 합니다. 감사합니다.

명성교회 담임목사 김삼환

우리의 삶은 하나님과의 동행이며 이 동행의 언어는 기도입니다.

　삶의 광야에서 부르짖을 때 하나님은 응답하십니다. 깊은 기도로 그분을 알아가고 그 뜻을 우리의 심령에 새깁니다.

　이봉관 장로님은 하나님과 동행하며 기도했습니다. 하나님은 장로님의 간구에 응답하셨고, 오늘의 서희그룹을 일구어 주셨습니다. 그리고 그의 손길을 통해 수많은 예배당을 세우셨습니다.

　청운교회 장로로서 하나님께 정성껏 올려드린 기도문들을 책으로 엮었으니 참 소중한 선물입니다. 이 책에 실린 기도문들을 조용히 읊조려 보십시오. 때로는 큰소리로 함께 부르짖어 보십시오. 우리와 동행하시며 우리의 간구에 응답하시는 주의 음성이 들릴 것입니다. 그리하여 우리 모두가 더욱 주님을 사랑하며 순종하게 되기를 기대합니다.

극동방송 이사장 김장환

하나님의 자녀는 기도를 통해 하나님과 동행하는 삶을 살아갑니다. 기도를 통해 인생의 크고 작은 문제들을 하나님께 맡기고, 또 기도를 통해 하나님의 사랑과 은혜를 더 깊이 알아가기 때문입니다. 전능하신 하나님 앞에 기도로 나아가면, 아무리 큰 문제도 하찮은 문제가 되고 맙니다. 그러므로 기도의 무릎을 꿇는 사람이 세상을 이기는 것입니다.

그뿐만 아니라 우리는 기도를 통해 하나님께 감사와 찬양을 올려드림으로 하나님을 기쁘시게 합니다. 시편 기자는 "나의 기도가 주의 앞에 분향함과 같이 되며 나의 손 드는 것이 저녁 제사 같이 되게 하소서"(시 141:2)라고 고백합니다. 성전의 분향단에 향이 끊이지 않았던 것처럼, 우리의 삶에도 기도의 향기가 끊이지 않게 해야 합니다.

이번에 이봉관 장로님이 지나간 삶의 여정에 함께하신 하나님의 은혜에 감사하는 마음으로 그동안 예배 중에 올려 드린 기도문들을 모아 책으로 출간했습니다. 하나님을 향한 그의 감사와 찬양이 가득 담겨 있습니다. 이 책을 접하시는 모든 분들이 기도를 통해 하나님께 더욱 가까이 나아가고 주님과 동행하는 기쁨을 누리게 되시기를 바랍니다.

여의도순복음교회 원로목사 조용기

제가 처음 청운교회에 부임한다고 했을 때 걱정하던 분들이 계셨습니다. "그 교회에 무슨 회장님 장로님이 계신다던데 보통이 아니라고 하더라." 네, 진짜 보통이 아닌 장로님이셨습니다. 큰 회사를 경영하며 바쁘신 데도 불구하고 교회 일을 절대 소홀히 하지 않으셨습니다. 또한 교회를 섬기시는 데 사랑과 관심을 쏟으면서도 절대로 목사를 앞서지 않으려고 애쓰셨습니다. 하나님 앞에서는 참 순수한 분이셨기에 가능한 모습이었습니다.

다윗은 하나님 앞에서 권위도 체면도 차리지 않았습니다. 왜냐하면 자신의 모든 것이 하나님의 은혜임을 알았기에 그분 앞에서는 순수해질 수밖에 없었던 것입니다. 장로님이 가지고 계신 하나님 앞에서의 순수함도 다윗과 같은 깨달음에서 시작되었습니다.

장로님은 삶과 사업, 그리고 가정적으로 자랑할 것이 많은 분입니다. 그런데 하나님의 은혜라는 것을 증거하실 때를 제외하고 자랑하거나 나타내고 싶어 하는 모습을 본 적이 없습니다. 진정한 은혜를 경험한 자의 모습이라고 생각합니다. 장로님의 기도에는 그러한 하나님을 향한 순수한 마음이 있습니다.

늘 정성껏 기도하셨습니다. 기도하실 때 불쌍한 이들을 위한 기도에는 늘 울먹이셨습니다. 사람들에게 들려지는 기도가 아니라 하나님께 이야기하는 자녀의 모습으로 기도하셨습니다. 장로님은 "참 좋으신 하나님"으로 기도를 시작하십니다. 그 고백에 하나님을 진심으로 좋아하신다는 마음이 느껴집니다. 기도로 이루어진 이 책을 통하여 장로님이 경험했고 지금도 함께하시는 참 좋으신 하나님을 만나기를 원합니다. 또한 장로님과 같이 순수하게 하나님께 나아가는 기도가 모든 분들에게 넘쳐나기를 소망합니다.

청운교회 담임목사 이필산

'질그릇'은 유약을 바르지 않고 대충 구웠기 때문에 작은 충격에도 쉽게 깨어져 그릇으로써의 가치가 매우 낮습니다. 고린도후서에서

사도 바울은 그런 질그릇을 사람의 인생에 비유했습니다. "우리가 이 보배를 질그릇에 가졌으니 이는 심히 큰 능력은 하나님께 있고 우리에게 있지 아니함을 알게 하려 함이라"(고후 4:7)고 말씀하십니다. 여기서 보배란 굳건한 신앙심과 도전정신, 가족과 사회에 대한 깊은 애정 그리고 남을 위한 배려의 정신입니다. 이처럼 아름다운 보배를 가슴에 품고 성경 말씀대로 "답답한 일을 당해도 낙심하지 않으며" 앞으로 나아가 대업을 이룬 분이 바로 이봉관 회장님입니다.

학교에 가지 않는 시간엔 농사일을 해 가며 맨발로 길을 다니다 돌부리에 찢기기도 하면서, 그토록 어렵게 학업을 계속하면서도 이 회장님은 결코 포기하지 않았습니다. 안정적인 직장을 떠나 "작은 일이라도 직접 결정하고 추진해 보고 싶다"는 생각과 함께 창업이라는 큰 도전에 나섰습니다. 고통과 시련 속에서도 회사 직원들의 아이디어를 적극 반영하는 열린 사고와 과감한 도전정신으로 오늘과 같은 탄탄한 기업을 일구어 냈습니다.

부의 양극화, 실업 그리고 사회의 많은 갈등 때문에 우리 청년들은 현실을 비관하고 품었던 의지를 쉽게 포기해 버립니다. 이런 안타까운 모습을 심심치 않게 볼 수 있습니다. 생활고와 절망적인 상황 속에서도 굳건한 믿음으로 도전과 성장을 멈추지 않은 이 회장님의 모습은 요즘의 젊은이들에게 중요한 교훈을 선사할 것입니다.

이 회장님의 기도문을 모은 이 책에는 회사 경영자가 아닌, 하나님 앞에 겸허히 서 있는 진실한 신자로서의 이봉관 회장님 모습이 잘 드러나 있습니다. 이웃과 국가에 대한 따뜻한 시선, 미래에 대한 담대한 시야를 가진 큰 어른으로서의 가르침이 고스란히 담겨 있습니다. "참으로 좋으신 아버지 하나님!"으로 시작하는 기도문들에서 항상 기뻐하고 언제나 즐거워하는 이 회장님의 삶을 엿봅니다. 많은 분들께 신앙생활의 새로운 길잡이가 될 것입니다.

POSTECH 총장 김도연

『CEO의 기도』는 시대를 이끌어 가는 혁명적인 기도 모음입니다. 전통적인 형식을 깨고 가슴을 뜨겁게 열어 낸 시이자, 애가로 읽힙니다. '아! 기도를 이렇게 하면 사람들의 심금을 울리고 영적인 내용을 전달하는 고백이 되겠구나' 하는 감동을 받았습니다. 고맙습니다. 두고두고 참고하겠습니다.

계명대학교 명예교수·회계학 박사 정기영

서희그룹 회장 이봉관 장로님은 해방 후 북한이 공산화되자 신앙의 자유를 찾아 어머니와 삼남매가 월남했습니다. 그러나 6.25 전쟁 후 소년 가장으로 많은 고생과 어려움을 겪으며 자랐습니다. 이렇게 힘든 삶 속에서 역경과 고난이 와도 하나님을 원망하지 않고 찬송과 기도로 위로를 받으며 마침내 자신의 꿈을 실현하여 성공적인 기업인이 되었고, 청운교회에서 장로로 23년간 시무하고 원로장로로 추대되었습니다.

우리 인간은 누구나 위기를 만날 수 있습니다. 우리에게 이 위기가 다가왔을 때 낙심하거나 좌절하지 말고, 당황함 없이 하나님께 간절히 기도하면 "기도처럼 강한 무기는 없다"는 말씀처럼 그 위기가 변해서 성공과 승리의 기회가 될 수 있을 것입니다.

이봉관 장로님의 기도문은 시적인 단문으로 작성되어서 더욱 감동을 받습니다. 은혜를 사모하는 모든 성도들이 더 신실하게 기도하는 계기가 되어 응답받는 체험을 누리시기를 바랍니다. 이 기도문을 읽고 하나님의 뜻에 더욱 합당한 기도를 드림으로써 신령한 예배, 은혜 받는 예배, 살아 있는 예배를 드리는 데 유용하게 활용되기를 바라며, 개인의 영적성장에 큰 도움이 되리라 믿습니다.

C채널방송 대표이사 · 회장 김명규

젊고 신뢰받는 종합건설회사 서희건설의 오늘이 있기까지
기도와 간구로 기업을 경영한 이봉관 회장의 신앙 정수

책머리에

그동안 교회에서 대표 기도로 올린 기도문을 담았습니다.
한 영혼이라도 신앙생활에 도움이 될까 싶어 글로 나누고자 합니다.
사람마다 생각이 달라 책에 실린 내용 중 잘못 표현된 부분도 있을 것입니다.
제 진심은 하나님이 기뻐하시는 자리를 갈망하는 것이오니,
부족한 부분은 이해해 주시고 너그러운 사랑으로 용서해 주시기 바랍니다.

이제 제 남은 인생은, 하나님을 모르는 백성들, 교회에 다니다가 실망하고
하나님을 떠나 방황하는 외로운 분들, 복음을 모르는 열방을 위해 선교의
사명을 다하고자 합니다. 이 일도 또한 청운교회 교인들과 함께하고 싶습니다.

청운교회의 성도님들, 장로님, 집사님, 권사님들께 진심으로 감사드립니다.
부족한 책에 추천사를 써주신 김도연 총장님, 김명규 장로님, 김삼환 목사님,
김장환 목사님, 이필산 목사님, 정기영 박사님, 조용기 목사님, 황우여 의원님께
감사드립니다.

제 삶의 주인이시며 사랑으로 보살펴 주신 하나님과 귀한 공동체
청운교회 교인들 모두에게 다시 한 번 감사드립니다.

차례

추천의 글 • 4
책머리에 • 13

1부 | 나의 삶, 나의 기도 • 19

예수를 믿는 삶 • 유복한 출생과 가난한 성장 • 나의 인내의 원천인 어머니 • 유일한 기쁨, 교회와 학업 • 한 학기 만에 우등생으로 • 프로보스트 선교사의 도움 • 대학 진학 후 지속되는 고통 • 어느 늦은 밤 교회에서 • 포스코 입사와 결혼 • 사업의 성공과 행복한 가정 • 그 크신 하나님의 은혜 • 청운교회의 섬김과 기도

가족 앨범 | 행복한 날들 • 55

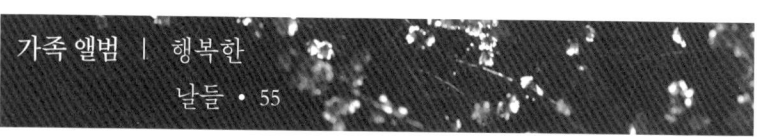

2부 | 청운의 사계 • 63

겨울 / 무엇을 무서워하며 누구를 두려워하오리까 • 64
봄 / 그저 받기만 하면 되지요 • 70
여름 / 나는 너를 결코 버리지 않으리 • 76
가을 / 꿈이 있기에 주님을 바라봅니다 • 82
다시 봄 / 오는 봄을 막아 보려 하지만… • 89

여름 / 이 세상은 짧은 나그네 길 • 92
가을 / 지난여름은 참으로 길고 무더웠습니다 • 95
겨울 / 저희 허물이 열 개일지라도 • 99

3부 | 청운의 아름다운 날들 • 107

부활절 / 죽음의 권세 깨뜨리시고 영광의 부활로 • 108
추수감사절 / 주님께 감사의 찬미를 드립니다 • 113
성탄절 / 가장 낮은 자로 이 땅에 오신 주님 • 118
특별새벽집회 / '만나'를 주시는 하나님 • 123
사순절 / 하나님의 사랑 안에서 살게 하소서 • 128
종려주일 / 순종하신 주님 모습 닮게 하소서 • 133

4부 | 저희들의 간구를 들어주소서 • 137

성전 건축 / 꿈과 비전을 짓고 싶습니다 • 138
30주년 기념 예배 / 지나간 30년, 그 크신 하나님의 은혜 • 140
명절에 가족과 화목하게 하여 주소서 • 143
왜 하필 선악과만 먹고 싶은지요 • 148
사나운 태풍 천둥 번개 속에도 주님의 은총이… • 152
우리의 영혼이 병들지 않게 하소서 • 156
저보다 나은 자를 위해 기도하게 하소서 • 160

차례

5부 | 나의 간구를 들어주소서 • 165

국가조찬기도회 • 166

기적의 새 길 • 169

하나님의 실체 • 174

창조적 섭리 • 179

형통한 삶 • 184

지친 영혼 • 188

북한 동포 • 192

청년부 • 196

주님 은혜 • 199

새벽기도 • 203

뒤돌아본 1년 • 207

작은 정성 • 210

험한 세파 속에서 보호하시고 • 213

목사님과 성전 건축을 위해 • 216

5월의 슬픔을 딛고 • 220

나그네길 인생의 여정에는 • 223

고독과 슬픔 • 226

험난한 인생 여정 • 229

새해 첫 주일 • 232

장로회신학대학교에서 • 236

계절의 변화 • 239

36주년 기념예배 • 242

포항중앙교회 창립 55주년 • 245

참 신앙인 • 249

편히 쉬게 하리라 • 252

반석 위에 세운 교회 • 255

5월 가정의 달 • 259

교육부 발표회 • 262

IMF 현실의 어려움 • 265

1998년 한 해를 돌아보며 • 270

참된 사랑 • 274

공식 활동 | 열정과 열심의 날들 • 279

에필로그 | 꿈이 있어 행복한 미래를 만듭시다 • 286

저같이 나약하고 무능하며
어린 시절부터 농사일을 하며
살아갈 인생에 하나님의 은혜가 임하니
간절히 소원한 기업을 얻게 되었습니다.
그 한량없는 은혜를 강조하고
하나님의 사랑을 알리고자
이 책으로 기록을 남깁니다.

1부

―
나의 삶,
나의 기도
―

예수를 믿는 삶

많은 사람들이 예수님을 믿는 것은, 예수님이 지신 그 고통스런 십자가를 져야만 하는 고생의 길이라고 생각합니다. 힘들게 믿어야 복을 받고 그래야 천국을 간다고 생각하기에 예수님을 힘들게 믿고 있습니다. 저는 그 말에 전적으로 동의하지는 않습니다. 예수님을 믿는 것이 우리 인생에 얼마나 평안한지, 오히려 얼마나 행복하고 큰 축복인지를 늘 느끼며 살아왔습니다.

만약에 제가 예수님을 믿지 않았다면, 오늘의 저는 없었을 것입니다. 그 힘든 세월을 견디지 못했을 것이고 좌절로 인해 제 삶은 실패로 끝났을 것입니다. 그러나 저는 인생의 힘든 순간순간마다 하나님을 의지했고, 하나님은 그때마다 저를 위로하셨습니다. 힘과 용기를 주시며 도와주셨습니다.

유복한 출생과 가난한 성장

저의 아버지 고향은 평양이고 저는 평양에서 부잣집 외동아들로 태어났습니다. 제가 태어난 당시에는 백일사진을 찍는 가정이 많지 않았습니다. 간혹 있다 하더라도 옷을 입고 찍는 아기 사진은 거의 없었습니다. 저는 요즘 시세로 하면 1천만 원 정도 값이 나

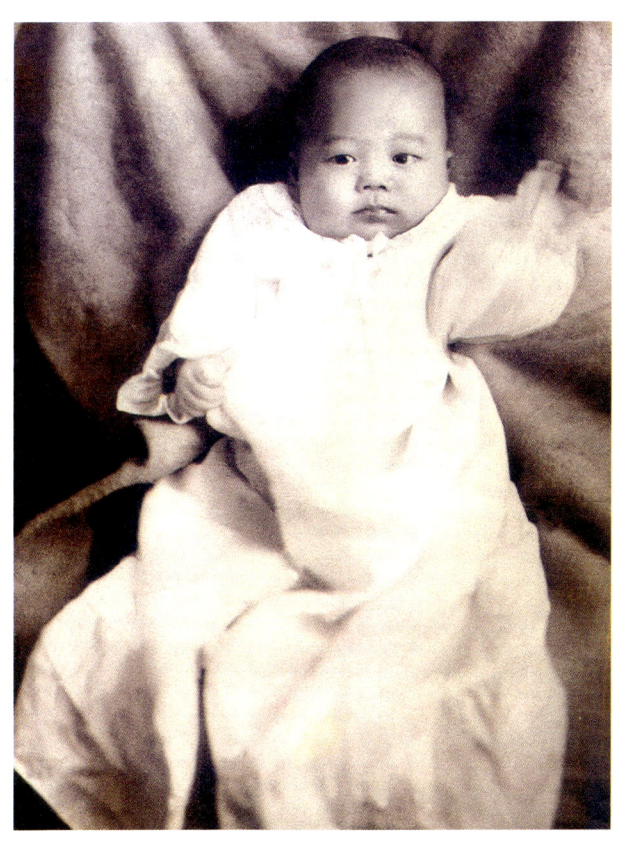

백일사진

가는 명품 베이비 복을 입었습니다. 아버지는 이 씨 왕족의 자손으로 해방이 되고 독립이 되어 이승만 대통령이 당선되면 장관이 될 소망을 가지고 계셨고, 누나들은 유학을 준비했습니다.

해방 후 북한이 공산주의가 되자 기독교인인 우리 가족은 신앙의 자유를 찾아 월남했습니다. 그런데 할머니가 신의주의 고모댁에서 못 내려오고 계셨습니다. 아버지는 할머니를 모시고 오겠다며 이북으로 가셨습니다. 부잣집 마님으로 세상 물정 모르고 살아오신 어머니와 저희 삼남매는 아버지가 오시기만을 기다렸습니다. 그러나 3개월 안에 오시겠다던 아버지는 소식이 없고 6.25 전쟁이 터졌습니다. 하는 수 없이 저와 누님 두 분과 어머니는 산골로 피난을 갔습니다. 첩첩산중의 시골에서 저는 가장이 되어 남의 집 농사짓는 일을 해야 했습니다. 학교에 가야 할 나이가 되었지만 등교는 감히 엄두도 내지 못하고 동네 머슴들과 함께 낮에는 농사일을 하고, 밤에는 새끼를 꼬며 열심히 일을 해서 생계를 이어가야 했습니다.

초등학교에 다녀야 할 어린 아이의 몸으로 감당하기에는 시골 농사일은 너무나 힘든 중노동이었습니다. 처음 농사일을 해서 가계를 돕기로 하고 모를 심는 논에 갔습니다. 이른 봄이라 논에 들어가는 순간 물이 엄청 차가워 소름이 돋았습니다. 그런데 갑자기 시커먼 거머리들이 제 몸의 피를 빨아 먹겠다고 밀려왔습니다. 저는 놀라서 논 밖으로 뛰쳐나갔고, 그 순간 논 주인은 소리를 쳤습니다.

"이놈아! 네가 그렇게 게으르니까 그렇게밖에 못 사는 거야! 당장 들어와서 일을 하든가 집으로 가든가 해!"

진짜 서러웠습니다.

어떻게 저렇게 심한 말을 어린 자에게 할 수 있을까? 저는 그 모진 말을 듣자 당장 집어치우고 싶었습니다. 그러나 그럴 수가 없었습니다. 참고 일을 하지 않으면 밥을 굶어야 했기 때문입니다. 마음을 굳게 먹기로 결심하고 다시 논에 들어가면서 하나님께 기도했습니다.

"하나님, 제가 열심히 일해서 이 동네의 논을 모두 살 수 있게 해주십시오. 그때 이 논 주인들의 아이들이 제 밑에서 일을 하게 되면 제가 사랑으로 품고 일을 시키는 모습을 보여 드리겠습니다."

이렇게 기도하고 나니 서러움도 분함도 추위마저도 사라졌습니다. 하루 종일 허리를 숙여서 모를 찌고(모내기철에 못자리에서 모를 뽑아서 묶는 것), 모를 심고 나면 저녁에는 허리가 끊어질 듯 아팠습니다. 모가 자라 김을 매는 것은 더욱 힘들었습니다. 무성하게 자란 벼 가운데로 잡풀을 제거하기 위해 몸을 숙여 들어가면 자란 벼에 눈가가 찢기고 삼복더위라 얼굴에 땀이 쏟아져 눈으로 들어갔습니다. 눈이 따가워 진흙 묻은 손으로 눈을 닦는 순간 안구는 땀과 진흙으로 뒤범벅이 되었습니다. 또한 잡초를 뽑기 위해 진흙땅을 뒤집으면 흙 속에서 나오는 거름냄새가 코를 찌르고 지열이 숨을 막히게 했습니다. 입은 옷은 순식간에 땀으로 흠뻑 젖습니다. 가끔 쇠파리가 젖은 옷 속으로 살을 찌르기라도 하면 견딜 수 없을 만큼 아팠습니다. 그러나 이를 악물고 참았습니다.

소를 먹이는 일도 힘들기는 마찬가지였습니다. 소를 산에 풀어 놓고 꼴을 먹게 한 다음 해가 지면 소를 몰고 집으로 오는 일이었습니다. 다른 친구들은 여름에 짚신을 신고 다녔지만 피부가 약한 저는 짚신을 신을 수가 없어서 맨발로 다녔습니다. 등에는 소에게 먹일 꼴을 잔뜩 지고 한손에는 소를 몰고 내려가다가 뾰족한 돌을 만나면, 그것을 피해 발을 디디려다 넘어져 크게 다치기 일쑤였습니다. 어쩔 수 없이 맨발로 뾰족한 돌을 그냥 밟고 가야 했습니다. 그러다 보니 발바닥은 돌에 찍혀 찢어지고 피가 났습니다.

나의 인내의 원천인 어머니

저는 어릴 때 너무 착했던 것 같습니다.

아프면 아프다고 어머니께 말할 수도 있었지만 상처 난 발이 아픈 것보다 어머니가 보시고 마음 아파하실 것을 생각하니 제 마음이 더 아팠습니다. 그래서 저는 어머니와 함께 있는 동안에는 상처 난 발을 절대 어머니께 보이지 않았습니다. 발을 숨기며 잠들었는데, 어느 날 어머니가 그만 보시고 말았습니다. 어머니는 서러움에 크게 소리 내어 우셨습니다. 저는 벌떡 일어나 어머니께 소리를 질렀습니다.

"발바닥 상처 난 게 뭐 그리 대단한 거라고 울어? 이 동네 아이들 다 그래! 엄마 없는 아이들도 많아! 고아도 많아! 나는 엄마도 있잖아! 이거 조금 찢어진 게 뭐 그리 대단한 거라고…."

어머니의 서러운 눈물을 보니 더욱 가슴 아파서 도리어 큰소리치면서 아무 일도 아닌 듯 행동했습니다.

저는 효자였나 봅니다.

어릴 때 돈이 없어 고생하는 것은 문제라고 생각하지 않았습니다. 어머님만 있으면 아무 문제가 없다고 생각했습니다. 어머니 없이는 못 살 것 같았습니다. 저는 어머니를 사랑했고 어머니도 또한 저를 사랑하셨습니다.

어릴 때 제가 곧 죽을 정도로 심히 아팠던 적이 있었습니다. 그때 어머니는 기도했습니다.

"하나님, 우리 관이를 살려 주세요! 북한에 있는 제 남편은 돌아오지 못해도 좋습니다. 관이만 살려 주시면 그 어떤 것도 구하지 않겠습니다." 그 뒤로 어머니는 아버지가 돌아오지 못하셔도 제가 살아 있는 것만으로 하나님께 감사하며 사셨다고 자주 말씀해 주셨습니다. 어머니에게 저는 전부였습니다.

유일한 기쁨, 교회와 학업

저는 연일 낮에는 농사일을 하고 밤에는 새끼를 꼬면서 머슴들과 같이 열심히 농사일을 했습니다. 그런데 제가 다른 농사짓는 아이들과 다르게 공부를 하게 된 것은 교회를 다녔기 때문입니다. 만약에 제가 교회를 다니지 않았다면 영원히 농사꾼으로 살았을지도 모릅니다. 교회를 다녔기 때문에 한글을 깨우쳤고 성경을 배워 사물의 이치를 알아가면서 농사일을 계속 했습니다.

이 힘든 삶 속에서 유일한 낙은 교회에 가는 것이었습니다. 교회에서 기도하고 성경공부를 할 때가 가장 행복했습니다. 아브라함의 하나님, 야곱의 하나님이 나의 하나님이 될 것이라 믿고, 아브라함과 야곱에게 주신 복을 나에게도 주실 것이라 믿으며 행복했습니다.

그리고 성경공부도 열심히 했습니다. "심령이 가난한 자는 복이 있나니 천국이 그들의 것임이요"로 시작하는 마태복음 5장에서 7장 말씀, 예수님의 산상수훈을 모두 암기하여 성경암송대회에서 상도 탔습니다. 학교에 다니지 못한 '머슴 아이'가 한글을 깨치고 상을 탄 것입니다. 주일학교 선생님들은 그런 저에게 천재라고 하며 어머니를 찾아가 이런 아이는 반드시 학교에 보내야 한다고 여러 번 말씀하셨습니다. 그래서 어머니는 아무리 어려워도 저를 초등학교라도 보내기로 결심하셨습니다.

그런데 저는 1학년에 입학하기에는 나이가 많았습니다. 한참 어린 동생들과 같은 학급으로는 차마 다닐 수가 없어서 친구들이 있는 4학년에 입학시켜 달라고 했습니다. 그러나 학교에서는 교회를 다니면서 한글 정도는 터득했으니 2학년으로 입학하게 해주겠다고 했습니다. 저는 4학년이 아니면 학교를 다니지 않겠다고 고집했습니다. 어머니는 우리 아이 고집은 아무도 못 꺾으니 4학년에 넣어 달라고 부탁했습니다.

어머니는 인물이 고우셨습니다. 그래서인지 모든 사람들이 저의 어머니 부탁은 잘 들어주셨습니다. 게다가 사교적이어서 많은 사람들이 양딸을 하자고 해서 저는 어릴 때 외가가 무척 많았습니다. 저의 친가와 외가 동네에서도 종외조부모님과 종외오촌들이 있었는데 친딸보다 저의 어머니를, 친손자보다 저를 더 예뻐해 주셨습니다. 이것 또한 하나님의 은혜요 축복이었습니다.

한 학기 만에 우등생으로

아무튼 제가 고집을 부려서 4학년에 입학은 했으나 교회학교에서 성경만 배운 터라 아무것도 몰랐습니다. 특히 산수 시간에는 완전히 바보처럼 앉아 있었습니다. 1학기가 지나고 2학기가 되니 수업을 좀 이해할 것 같았습니다. 학년말이 되자 한 선배가 우등생 명단에 제가 있다고 했습니다. 저는 1학기 시험에 0점을 받았기에 어떻게 우등생이 되느냐고 말도 안 되는 소리라고 생각했습니다.

그런데 놀랍게도 우등상이 제게 수여되었습니다. 학업 발달 과정을 중요하게 평가했고 1학기를 제외한 2학기 점수로만 우등생을 선발했기 때문입니다. 제가 60명 중에 6등으로 우등상을 받았습니다. 불과 1년 전에 바보라고 저를 놀리던 아이들 중 최소 54명은 저보다 성적이 뒤처진 아이들이 되었습니다.

제 일생에 그렇게 기쁜 날은 없었습니다. 심지어 제 딸들이 서울대학교에 들어갔을 때도, 막내딸이 사법고시에 합격해서 검사로 임용됐을 때도 그만큼 기쁘지는 않았습니다. 초등학교 5학년부터는 계속 1등을 했습니다. 6학년에는 전교 어린이회장이 되었습니다. 불과 2년 전에 많은 아이들의 놀림감이던 제가 그 아이들의 리더가 되었습니다.

이 사실을 신기하게 여긴 담임선생님은 제가 얼마나 열심히 공부하는지 조사하셨습니다. 선생님은 놀라고 말았습니다. 당시

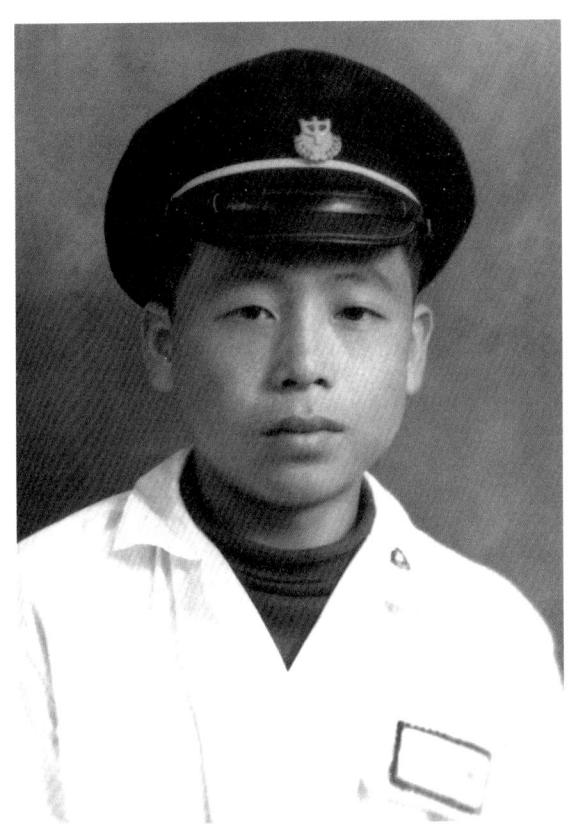

중학교 입학 당시

에 저는 돈을 벌기 위해 저수지의 작은 댐 공사장에서 자갈을 캐는 일을 했습니다. 새벽 일찍 공사장에 가서 자갈을 캐다가, 어머니가 아침을 해오시면 어머니와 교대한 후 학교에 갔습니다. 그리고 하교하면 바로 공사장에 가서 어두워질 때까지 어머니와 같이 일을 하다가 밤늦게 집에 와서 잠을 잤습니다. 다음 날도 똑같았습니다.

선생님은 그렇게 고단한 생업을 견뎌 가면서 학업에도 진력하는 저에 대해 상세히 기록하여 정부에 추천해 주셨습니다. 그 당시 이승만 대통령은 효행사상을 앙양하기 위해 '전국 어린이 모범 효행상' 제도를 만들어 시행했습니다. 저는 어머니를 도와 생활고를 극복해 가는 효자로 인정받아 경주 시골에서 전국 2등으로 이기붕 국회의장상을 받았습니다(1등상은 이승만 대통령상). 지금의 청와대인 경무대에서 많은 상품을 주었고 도지사, 교육감, 경찰청장, 경찰서장, 군수 등이 금일봉을 수여해서 중학교 진학 학비가 마련되었습니다.

당시에 시골에서 중학교에 진학하는 아이들은 20퍼센트 미만이었습니다. 하나님은 축복을 한꺼번에 쏟아부어 주셨습니다. 너무나 행복했고 가슴이 벅찼습니다. 그리고 제 가슴에 큰 인물이 될 수 있으리라는 꿈이 생겼습니다. 하나님께서 무엇이든지 해결해 주실 것 같은 확신이 들었습니다. 그러한 원대한 꿈을 가지고 중학교에 입학했습니다.

레이몬드 프로보스트 선교사(Raymond Provost)의 2005년 한국 방문 당시 모습. 선교사님은 어머니의 완쾌와 나의 학교생활에 많은 도움을 주셨다.

프로보스트 선교사의 도움

행복은 오래가지 못했습니다. 꿈은 고통으로 변하기 시작했습니다. 시골에서 경주 시내까지 8킬로미터 이상 되는 길을 매일 걸어 다니는 것은 어린 나이에 너무 힘들었습니다. 일어나면 학교에 갈 걱정, 학교 끝나면 집까지 갈 걱정, 매일 왕복 네 시간 이상 걸어 다닌다는 것이 쉽지 않았습니다. 하지만 꿈이 있었기에 그 정도는 참을 수 있었습니다.

그러던 중 갑자기 어머니가 자궁근종으로 하혈을 오래 하여 너무 쇠약해지셔서 정상적인 장사를 할 수 없게 되었습니다. 설상가상으로 3년간 장학금을 보장받고 들어간 학교로부터 1학년 성적이 95점에 조금 미달된다는 이유로 등록금을 납부하라는 독촉을 주말마다 받았습니다. 어머니의 병환은 점점 깊어져 갔습니다. 잠시 품었던 큰 꿈은 바닷가에 쌓아 놓은 모래성처럼 파도에 떠내려가기 시작했습니다.

다시 농사일을 할까? 장사를 해볼까?

그런데 또 하나님이 도와주셨습니다. 경주에 부도난 문화중고등학교가 있었는데 레이몬드 프로보스트 선교사(Raymond Provost, 한국 명: 부례문)님이 학교를 인수했습니다. 그리고 신앙심 좋고 공부 잘하는 장학생을 찾는다고 했습니다. 저는 목사님과 어머니와 함께 선교사님을 찾아갔습니다. 성적표를 보더니 바로 장학금을 지급하겠다고 하셨습니다. 어머니는 장학금이 문제가 아니고 자신이 병이 심해 죽어가니 아들을 맡아 키워 달라, 이북에서 아이 아버지가 오면 보답할 거라고 부탁했습니다.

선교사 사모님은 한국 선교사의 따님이라 한국말을 유창하게 하셨습니다(후에 들은 얘기로는, 프로보스트 선교사님이 사모님에게 반해서 군 장교 퇴임하고 신학을 한 뒤 한국 선교사가 되었다고 합니다).

"아주머니, 그런 말씀 마십시오. 제가 아주머님 병도 고쳐 드리고 봉관이 대학도 보내겠습니다."

선교사님은 어머니를 바로 병원으로 보내 치료해 주셨고, 저를 고아만 20명 정도 양육하는 기숙사에 입사시켜 주셨습니다.

그 당시 미국은 최고 부유한 나라로 한국에 원조를 많이 해주었습니다. 소고기 통조림, 과일 통조림, 옷 등 한국에서 먹을 수 없는 음식과 입을 수 없는 옷 등이 미국에서 들어왔습니다. 기숙사 생활을 하는 저는 천국에 온 것 마냥 행복했습니다. 조금 힘든 일은 시각장애인의 도우미 역할이었습니다. 고아만 받아들이는 원칙을 가진 기숙사여서 고아가 아닌 저는 들어갈 수 없었으므로 시각장애인 한 명을 입사시켜서 제가 돌보게 했습니다. 그를 돌보는 것이 힘들긴 했지만 기숙사 바로 옆이 학교라 통학 걱정이 없고, 등록금, 생활비 걱정 없을 뿐더러 어머니 병도 고쳐 주셨으니 그저 감사할 따름이었습니다.

기숙사 생활은 너무 좋았습니다. 선교사 부부가 대구에서 오실 때면 미국에서 온 음식과 옷이 넘쳐났습니다.

대학 진학 후 지속되는 고통

그러나 그 행복도 오래가지 않았습니다. 2년이 지난 뒤 고3이 되던 해, 선교사님 부부가 모함을 받아 본국으로 소환되면서 모든 도움이 끊길 형편이 되었습니다. 고등학교까지는 도와주셨지만 대학 진학은 더 이상 도움을 기대할 수 없는 상황이었습니다. 저는 대학 진학의 꿈이 막막해졌습니다. 그동안 시각장애인 돕는 일을 하느라 공부에 제대로 집중할 수 없었습니다. 점자책이 없던 그 시절은 학교 수업을 마치고 오면 매일 저녁 그날 하루 배운 모든 것을 점자로 옮겨 적을 수 있도록 읽어 주어야 했습니다. 끝나고 나면 10시가 넘었습니다. 몸이 약한 저는 피곤해서 공부를 할 수 없었습니다. 이런 상태로 어느 대학에 장학금을 받고 들어갈 수 있을까? 참으로 막막하고 절망적이었습니다.

그러나 저는 하나님의 은혜로 경희대학교에 입학했습니다. 물론 대학 4년 내내 고통도 많았습니다. 너무 힘들어 하나님을 원망하며 떠난 적도 있었습니다. 그렇게 고되기만 한 대학 생활을 마치고 졸업한들 내가 무엇이 될 수 있을까? 꿈도 희망도 없었고 눈앞에는 늘 극심한 가난과 고통의 현실만이 덮쳐왔습니다. 홀로 감당하기에 벅찬 고통으로 신경쇠약증, 불면증에 시달렸고, 체중은 45킬로그램으로 줄었습니다. 희망은 보이지 않았고 죽고만 싶었습니다. 그러나 죽을 수도 없었습니다. 당신 아들이 최고라고 믿으며 오직 저 하나만 바라보고 사시는 어머니를 생각하면 죽음도 쉽지 않았습니다.

욥이 생각났습니다.
나는 왜 죽을 수도 없는가라고 했던 욥의 절규가 나의 절규였습니다. 봄, 여름, 가을이 지나고 겨울이 왔습니다. 크리스마스가

다가와 골목마다 전축가게에서 울려 퍼지는 캐롤이 듣기 싫어서 귀를 막았습니다. 그러나 막상 크리스마스가 되자 어린 시절이 그리웠습니다. 크리스마스이브에 같이 밤을 새고 떡국을 먹고 새벽송 돌던 때가 그리웠습니다. "나를 예뻐해 주시던 그 누나 선생님들은 무얼 할까?" 보고 싶었습니다. 시골 농사일을 하면서 10리가 넘는 교회를 다닐 때, 밤 예배 마치고 산을 넘어 혼자 집에 오는데, 특히 비가 오는 밤이면 두려움에 오싹했습니다. 범도 나올 것 같고 저수지 옆을 지나면 귀신도 나올 것 같은 무서움이 들 때마다 이 찬송가를 불렀습니다.

주 안에 있는 나에게 딴 근심 있으랴
십자가 밑에 나아가 내 짐을 풀었네
그 두려움이 변하여 내 기도 되었고
전날의 한숨 변하여 내 노래 되었네
내 주는 자비하셔서 늘 함께 계시고
내 궁핍함을 아시고 늘 채워주시네
내 주와 맺은 언약은 영 불변하시니
그 나라 가기까지는 늘 보호하시네
주님을 찬송하면서 할렐루야 할렐루야
내 앞길 멀고 험해도 나 주님만 따라가리

찬송가 370장

이 찬송가만 부르면 아무리 무섭고 괴롭고 고통스러워도 하나님 안에 내가 있으니 꿈과 소망이 생겼고 그래서 늘 행복했습니다. 농사짓던 그 시절은 육체적으로 힘들었지만 행복했습니다. 그리고 부자가 되고 싶은 꿈이 가득했습니다.

그런데 대학 시절의 저는 그 주님께 버림받았다고 생각했습니다. 그래서 꿈도 소망도 없고 좌절뿐이었습니다. 하나님을 원망했습니다.

"그냥 나를 시골에서 농사나 짓게 내버려 두시지."

시골이 사무치게 그리웠습니다. 돌아가고 싶었습니다. 그러나 갈 수가 없었습니다. 거리도 먼 데다 차비도 없었습니다.

어느 늦은 밤 교회에서

그렇게 크리스마스를 지나고 어느 늦은 밤에 교회를 찾아갔습니다. 혼자서 너무나 슬프고 괴로워서 실컷 울었습니다. 한껏 울고 나니 마음이 편해졌습니다. 뒤를 돌아보았습니다. 삶의 시간을 회고해 본 저는 너무 나쁜 놈이었습니다. 하나님께 배은망덕한 놈이었습니다. 저만큼 은혜를 망각한 배신자는 없을 거란 생각이 들었습니다. 초등학교도 못 나오고 시골에서 농사를 계속 지으며 살 인생이었습니다. 당시에는 초등학교 못 나온 사람도 많았고 고등학교와 대학교를 졸업한 사람은 몇 안 되었습니다. 특히 서울에 있는 대학 중에 경희대학교보다 못한 대학도 많은데 저는 일류 대학교의 졸업장을 갖지 못하는 데 대한 비탄에만 잠겨 있었습니다.

"그래, 서울대나 하버드대 같은 일류 대학을 나와야 성공하느냐?"

"내가 안 도와주면 네가 뭘 하겠느냐?"

"어떤 환경이라도 내가 함께해야 무엇이든 할 수 있으리라."

주님이 주시는 마음을 느끼고는 울며 뉘우치며 찬송가를 불렀습니다.

> 천부여 의지 없어서 손들고 옵니다
> 주 나를 외면하시면 나 어디 가리까
> 전부터 계신 주께서 영 죽을 죄인을
> 보혈로 구해 주시니 그 사랑 한없네
> 나 예수 의지함으로 큰 권능 받아서
> 주님께 구한 모든 것 늘 얻겠습니다
> 내 죄를 씻기 위하여 피 흘려주시니
> 곧 회개하는 맘으로 주 앞에 옵니다
>
> 찬송가 280장

주님께 택함 받은 백성인 제가 하나님을 떠나면 어디로 갈 수 있겠습니까? 현실만 보고 주님을 바라보지 않아 생긴 투정에 불과한 것이었습니다. 하지만 하나님은 작은 저의 투정도 원망도 그리고 주님에 대한 배신도 사랑으로 용서해 주셨습니다. 저는 너무나 고마웠습니다. 한없이 부끄럽고 죄송했습니다.

"하나님! 어떠한 역경이 와도 다시는 하나님을 원망하지 않겠습니다. 하나님을 떠난다 말하지 않겠습니다."

결심을 하고 열심히 일을 했습니다. 아이들을 가르치며 학비와 생활비를 충당했습니다. 힘이 많이 들어도 감사하는 마음으로 소망을 품고 열심히 아이들을 가르쳤습니다. 어떤 학생이든지, 얼마를 받든지, 어디든지 가서 열심히 가르치며 시간을 쪼개어 제 공부를 했습니다. 그리하여 무사히 대학을 졸업하고 포스코(POSCO) 공채 2기로 입사를 했습니다.

대학 졸업하며 찍은 가족사진, 대학 시절 경제적으로 힘들었으나 시간을 쪼개어 학비를 벌며 공부하여 무사히 졸업했다.

포스코 입사와 결혼

포스코
근무 시절

포스코에 입사한 후 어머니는 제가 빨리 결혼하기를 원하셨습니다. 제 마음에만 든다면 당신은 어떤 며느리도 좋다고 하셨습니다. 어머니는 늘 그랬습니다. 아들만 좋다면 당신은 어떠하든지 상관없다는 분이었습니다. 그러나 저는 결혼 후 어머니가 얼마나 서운하실까, 평생 아들 하나만 바라보고 사셨는데 얼마나 허전하실까, 생각하지 않을 수 없었습니다. 그래서 직장을 가진 여성이어야 된다고 생각했습니다. 왜냐하면 며느리가 살림을 하게 되면, 평생 맡아 오신 살림을 며느리에게 넘기고 어머니는 할 일이 없어져 쓸쓸하시지 않을까 염려했기 때문입니다. 그래서 고심 끝에 어머니가 계속 살림을 하실 수 있도록 직장 생활을 하는 배우

아내의 중학 시절

자를 만나기로 했습니다. 하지만 당시는 직장인 여성으로 교사 외에는 찾기가 어려웠습니다. 그래서 선생님이면서 어머니처럼 어여쁜 여자와 결혼하고 싶은 소망을 가졌습니다. 특히 인물이 예쁜 여자가 첫째 조건이었습니다.

현실은 쉽지 않았습니다. 홀어머니를 둔 외아들에 명문대학교 출신이 아닌 제가 아리따운 선생님과 결혼한다는 건 실현 가능성이 적은 꿈이었습니다. 수많은 여자들을 만났습니다. 서로 맞지 않아 결혼을 못할 것 같았습니다. 심지어 결혼을 포기할까 하는 생각도 들었습니다.

교사인 아내와 결혼

    그런데 이번에도 예수를 믿는 것이 도움이 되었습니다. 저의 고모부와 아내의 할아버지는 같은 노회의 장로였는데, 서로 조카 자랑과 손녀딸 자랑을 하는 바람에 실제로 두 사람이 만나게 되었습니다. 저의 장인은 제가 신앙생활을 열심히 하는 청년이라는 것과 직장이 포스코인 것 두 가지 조건을 마음에 들어 하셨습니다. 특히 총각 집사라는 이유 때문에 장모님과 집사람의 반대에도 불구하고 밀어붙이셔서, 결국 예쁜 선생님과 결혼하는 꿈을 이루었습니다. 제게는 일생 예수를 믿고 살아온 것이 너무나 큰 축복입니다.
    자식 자랑하면 반 바보, 마누라 자랑하면 온 바보라고 하지만 집사람은 정말 어디를 가서도 예쁘다는 소리를 빠지지 않고 들었습니다. 세 딸을 낳았고, 포스코에서 13년 동안 근무하며 안정된 생활을 하면서 행복하게 살았습니다.

사업의 성공과 행복한 가정

그러던 중 갑자기 사업이 하고 싶었습니다.

거의 2년간 사업을 할까 말까? 무슨 사업을 할까? 수없이 생각하고 연구한 뒤 물류업을 시작했습니다. 1983년 화물차 20대로 창업했습니다.

1983년 시무예배 모습. 13년간 근무한 포스코 퇴사 후 운수업을 시작했다.

그런데 얼마 지나지 않아 6.29 선언이 있고, 전국적으로 노사 분규가 극심해졌습니다. 많은 물류업체들이 노사분규로 문을 닫았습니다. 그러나 고맙게도 우리 회사 화물차 기사들은 저를 믿고 따랐습니다. 노사분규 없이 열심히 일을 해 주었습니다. 저를 믿고 열심히 일해 준 기사들, 직원들, 너무나 고마운 분들이며 눈물겹게 감사한 분들입니다. 그 후에도 IMF사태, 리먼브러더스 사태와 유럽 발 금융위기 등 수많은 위기와 어려움이 있었습니다. 그때마다 주님께서 지켜 주셔서 33년간 굳건히 견디게 해 주셨고 성장시켜 주신 결과, 매출 1조5천억 원의 중견기업이 되었습니다.

광양제철소 첫 출하 시 박태준 회장님과 함께

1992년 시무식, 이종윤 목사님과 케이크 커팅
모범기사 시상식, 나를 믿고 열심히 일해 준 고마운 직원들

그리고 예쁜 세 딸은 공부도 잘하며 건강하게 자랐습니다. 딸들은 제가 젊은 날에 간절히 소망했던 명문 대학에서 공부했습니다. 큰딸은 이화여대를 졸업했고, 둘째와 셋째는 모두 서울대 경영학과를 졸업했습니다. 첫째와 둘째는 회사에서 열심히 일하고 있습니다. 셋째는 검사가 됐습니다. 사위 셋도 믿음의 가정에서 태어나 신앙생활을 잘하고 검사와 판사로 성실하게 일하고 있습니다. 한 가정에 판사와 검사가 네 명인 가정은 많지 않을 것입니다. 물론 판·검사가 많은 가정이 대단하다거나 큰 축복이라는 것은 아닙니다. 판·검사보다 더 좋은 직업도 있고, 모든 직업이 중요합니다. 단지, 많은 노력을 기울여야 이룰 수 있는 직업이기에 제 자식들이 빗나가지 않고 열심히 일하고 착실히 하나님께 순종하며 목표한 바를 이루었음을 강조한 것입니다.

아내와 함께

어디서나 예쁘다는 칭찬을 듣는 아내

중국 여행

중국 여행
중국 여행
유럽 여행

서울대학교 최고경영자과정(AMP) 졸업식에서 기뻐하는 아내와 함께

세 딸(은희, 성희, 도희)

가족사진
하나님은 예쁘고 공부 잘하는 세 딸과 믿음의 가정에서 자라
검사와 판사로 성실하게 일하는 사위를 가족으로 주셨다.

그 크신 하나님의 은혜

 더욱이 제 자랑을 하고자 하는 것은 절대 아닙니다. 저같이 나약하고 무능하며 어린 시절부터 농사일을 하며 살아갈 인생에 하나님의 은혜로 이루어진 것임을 강조하고 하나님의 사랑을 알리고자 하는 바입니다. 이 책을 읽는 모든 독자 분들이 이해해 주시길 바랍니다.

 지금까지 저에게 주신 하나님의 사랑이 몹시 크고 과분하기에 저는 하나님께 제 자신을 낮추고 양보하고 진심으로 최선을 다하고자 다짐합니다. 때로는 교만했고, 하나님의 뜻에 맞지 않는 행동도 했습니다. 화도 내고, 과격한 논쟁도 벌이고, 은혜롭지 않은 말과 행동도 많이 했습니다만, 바로바로 진심으로 회개하면서 고치기로 결심하며 살아왔습니다.

 저는 젊은 시절부터 지금까지 교회가 시끄럽고 문제를 야기하는 것은 그 교회에서 가장 영향을 끼치는 자들(부자일 수도 있습니다)이 횡포를 부리기 때문이라고 생각해 왔습니다. 그때마다 저는 하나님께 기도했습니다.

 "하나님 제가 우리 교회에서 제일 부유한 자가 되게 해 주십시오. 부자가 횡포를 부리지 않는 모범을 보이겠습니다."

놀랍게도 하나님은 저를 우리 교회에서 제일 큰 부자로 만들어 주셨습니다. 그래서 저는 교회에서만큼은 사심 없이 어떤 일이든지 양보하며 정직하게 일했습니다. 물론 제가 우리 교인들이 그렇게 생각하지 못하게 행동한 것도 있겠고, 제가 교만하다고 생각하거나 목에 힘 준다고 느끼는 분들도 있겠습니다만 저의 하나님을 향한 본심은 진심이었습니다. 대부분의 교인들이 그런 저를 믿어 주셨고 제가 주장하는 바는 모두 승낙해 주셨습니다. 특히 교회 신축공사를 할 때 제게 건축위원장을 맡겨 주시고 저희 회사가 건축을 하도록 허락해 주셨습니다. 이렇게 믿고 맡겨 준 사례는 우리나라 어느 교회에서도 없었을 것이고, 또 믿고 맡겼는데 전 교인이 만족할 만한 좋은 결과가 나온 예도 흔치 않을 것입니다.

저는 교회 시공 시 준공 전에 수없이 많은 설계 변경을 거쳐 손해를 보더라도 교회가 아름답게 지어지는 모습만으로 행복했고 감사했습니다. 어느 교회가 이렇게 믿어 주겠습니까? 제가 아무리 손해를 본다 해도 의심하며 불신하고 서로 은혜롭지 못한 결과가 나올 수도 있었을 것입니다. 하지만 우리 교회 성도님들은 조금도 의심하지 않고 믿어 주셨습니다. 지금도 교인들이 우리 교회를 제일 잘 지었다고 인정하며 제게 감사하다는 인사를 건네주실 때면 너무나 감격스럽습니다.

청운교회의 섬김과 기도

제가 청운교회에 23년간 장로로 시무하며 중요한 안건에 대해서 저의 주장을 할 때, 제가 하나님을 위한 길이라는 확신이 들면 일부 장로님들과 교인들이 반대해도 포기하지 않고 끝까지 설득하고 주장했습니다. 결국 모든 교인이 저의 생각과 뜻을 받아 주시고 동의해 주셨습니다.

그런 과정 속에 우리 교회는 능력이 뛰어난 이필산 목사님을 담임으로 모셨고, 한국 교회 기독교인들이 감소되는 추세에도 불구하고 매년 성도가 1,000여 명 이상 증가하여 12,000여 명의 대형 교회로 성장했습니다. 그 무엇보다도 당회와 전 기관, 전 교인들에게 은혜와 사랑이 넘치는 교회가 되었습니다. 그리고 부족한 제가 교회로부터 원로장로로 추대 받게 되니 얼마나 감사하고 감격스러운지 모릅니다.

제 삶의 주인이시며 사랑으로 보살펴 주신 하나님과 귀한 공동체 청운교회 교인들 모두에게 다시 한 번 감사드립니다.

가족 앨범

—

행복한
날들

—

큰딸과 함께

1983년 수안보에서

아내와 큰딸

제주도 여행

1985년 겨울, 큰딸과 둘째딸
한라산 여행

1990년 스키장에서

한라산 여행

저희에게 주어진 시간 중에서
제일 귀한 시간 바쳐 봉사하게 하시고
저희가 가진 물질 중에서
가장 귀한 것 바쳐 섬기게 하소서.

2부

―

청운의
사계

―

겨울 / 무엇을 무서워하며
누구를 두려워하오리까

참으로 좋으신 아버지 하나님, 감사합니다.

2015년의 희망찬 새해를 열어 주시고

새해 첫날부터 축복성회로

은혜 받게 해 주시니 참으로 감사합니다.

새해에는 우리 모두 주님의 일을 열심히 하게 하소서.

내 일을 하지 않게 하시고 주님의 일만을 하면서 살아갈 때

2015년을 행복하게 살 수 있음을 다시금 깨닫게 해 주소서.

또한 주님의 일이 무엇인지도 분명히 알게 하소서.

교회 내에서 하는 일은 주님의 일이고,

교회 밖에서 하는 일은 내 일이라고 잘못 생각하여

나의 일을 하찮게 생각하고

하기 싫으면 남에게 미루는 저희들입니다.

교회 와서 나의 취미생활을 즐기면서

마치 주님의 일을 열심히 했다고 착각하여

복 주시지 않는다고 불평하는
저희들이 되지 않도록 하여 주소서.

내가 서 있는 그 자리, 그 일이 무엇이라도
모두 주님이 맡겨 주신 귀한 사명입니다.
내가 맡은 그 일이 귀하든 천하든 쉽든 힘들든
주님께서 저희에게 주신 귀한 직분임을 깨달아
주님의 사랑의 마음을 품고 열과 성을 다함으로써
주님께 칭찬받을 그날을 생각하며
행복하게 보낼 수 있는 저희들이 되게 하소서.

보잘것없는 회사에
미생(未生)으로 일할지라도
그 자리가 주님께서 맡겨 주신
귀한 직분임을 깨닫고
주어진 일을 기쁨으로 충실히 해야 함을 알게 하시며
항상 주께 감사하며 행복을 느낄 수 있게 하여 주소서.

언제나 높은 자리, 편한 자리,
귀한 자리, 돈 많이 버는 자리,
섬김을 받는 자리를 원하고 있지만

모든 이들이 이런 자리에 있으면

낮은 자리는 누가 앉으며

섬기는 일은 누가 해서

주님의 창조의 섭리가 유지되오리이까?

요셉은 부잣집 귀염둥이로 태어났지만

하루아침에 노예가 되어도

그 직분을 성실히 수행함으로써

대제국의 총리가 되었습니다.

예수님은 흉악범들이나 지는 그 아프고 쓰린,

치욕스런 십자가 앞에서

피눈물로 애원했지만

하나님께서는 끝내 외면하셨습니다.

예수님은 절규하셨습니다.

"하나님, 도대체 왜 나를 이렇게 버리십니까?"

그러나 하나님께로부터

"네가 안 지면 누구에게 지우랴?"

하는 부드러운 음성을 들었을 때

더 이상 간구하지 않고 십자가를 기쁘게 짐으로써

인류 구원의 위대한 역사를 이루었습니다.

저희들의 영원한 구세주,

하나님의 독생자 아들의 영광을 누리고 있음을

더욱 깨닫게 하여 주소서.

급변하는 변화 속에서 금년 한 해는

얼마나 많은 고통의 십자가가

저희에게 다가올지 모릅니다.

새해 벽두에 수십 년 역사의 대형 건설회사의 부도로

2천여 개의 하청업체, 수만 명의 직원과 그 가족들이

도산과 실직의 위기에 떨고 있습니다.

금년 한 해도 얼마나 많은 기업들이

어려움에 처할지 모르는 상황에서

과연 내 사업은 안전할지, 내 직장은, 내 자식은, 내 생명은

저희 앞에 얼마나 지기 싫은 십자가가

다가올 것인지를 생각하면 밤잠을 편히 잘 수 없습니다.

하오나 저희들은 압니다.

그 십자가가 너무 힘들어

주님께 원망과 절규를 쏟아놓을 때도 있지만

저희 앞에 놓여 있는 그 십자가 너머에

주님이 약속하신 축복의 가나안이

예비되어 있을 것이라는 것을 압니다.

전능의 왕이 우리 아버지신데,
무엇을 무서워하며 누구를 두려워하오리까?
온 가족에게 불안한 한 해지만
내 몫의 십자가를 기쁘게 지고 힘차게 전진하고
서로 양보하고 사랑하라는 주님의 가르침 잘 받들어서
기쁨으로 살아가는 복 된 한 해가 되게 하소서.

저희 교회를 사랑하시는 주님, 감사합니다.
지난해도 이 나라에 기독교인이 감소하는 상황에서
1,000명 이상의 새 신자가 늘었습니다.
이 불황 속에서 예산은 초과되었지만
이것으로 만족하는 저희들
혹시라도 자만에 빠지지 않도록 하여 주소서.

이 아름다운 교회를 세우시고
훌륭한 목사님을 보내 주신 것이
저희만 은혜 받고 즐거운 신앙생활을 하라는 것이
아님을 알게 하시어
고통 받는 이 나라 모든 이들을 교회로 나오게 하여

그들의 눈물을 닦아 주고 새 생명 얻게 하는

주님의 소명을 감당하게 하여 주시고

목사님의 말씀을 통해 은혜 받게 하여 주소서.

예수님의 이름으로 기도드립니다. 아멘.

2015. 01. 04 • 새해 축복성회 대표기도

서희건설은 이필산 목사님의 시무예배로 한 해를 시작한다.

봄 / 그저
받기만 하면 되지요

참으로 좋으신 아버지 하나님, 참으로 감사합니다.
계절의 여왕, 5월의 마지막 주 거룩한 날에
내 사랑하는 가족들과 손에 손잡고
주의 전으로 나오게 하시니
참으로 감사합니다.

이렇게 아름다운 교회에서
이렇게 은혜로운 분위기에서
이렇게 은혜로운 말씀을 사모하며
예배드릴 수 있음이 얼마나 큰 축복인지요.

교회에 오고 싶어도 몸이 아프고
어려운 경제적 형편으로, 가족 간 불화 등으로
나오지 못하는 이들도 참으로 많은데
가족과 함께 예배드리는 저희들은
참으로 축복 받은 사람들입니다.

진심으로 하나님께 감사드리는 저희들 되게 하소서.

이 땅의 모든 교회가
다 은혜로운 교회가 아니며
이 땅의 모든 성도들이
다 은혜롭게 교회에 다니는 것도 아닌 것이 현실입니다.
은혜를 갈구하는 성도들에게
진실한 하나님의 말씀을 전할 노력을 하지 않습니다.

즉, 슬픈 자에게는 위로를,
심신이 지친 영혼에게는 하나님의 격려의 말씀을,
절망의 늪에서 허우적대는 이에게는 용기를,
교만한 권력자에게는 경고를,
오만한 부자에게는 채찍의 말씀을 전해야 하는데,
그런 노력은 기울이지 않고
오히려 교인들에게 하나님의 말씀이라고 권위를 만용하여
"봉사 잘해라, 순종해라, 많이 바쳐라, 안 그러면 벌 받는다"는
식으로 선포하는 교회가 얼마나 많은지요.

인간이 하나님께 잘할 것이 뭐가 있겠습니까.
그저 받기만 하면 되지요.

젖먹이 애기가 엄마에게 무엇을 잘해야 합니까.

배고프면 먹을 것을 달라고 울고,

아프면 아프다고 울어대고,

기저귀가 젖어도 울어대고,

엄마의 형편은 전혀 고려하지 않고

그저 요구하며 울어댑니다.

그래도 엄마는 모두 들어줍니다.

하나님 앞에 우리 인간은 젖먹이보다도

더 어리고 나약한 존재입니다.

보채고 또 보채고 하나님이 해 주시리라 믿고

젖먹이의 심정으로

울어대기만 하면 되지요.

여호와께서 말씀하셨습니다.

"여인이 어찌 그 젖 먹는 자식을 잊겠으며

자기 태에서 난 아들을 긍휼히 여기지 않겠느냐

그들은 혹시 잊을지라도 나는 너를 잊지 아니할 것이라" (사 49:15)

이렇게 좋으신 하나님의 말씀,

이렇게 크신 하나님의 사랑만 믿고,

즐거운 신앙생활의 축복을 누리게 하여 주소서.
결코 신앙생활이 무거운 짐이 아닌,
참으로 행복한 것임을 깨닫게 하소서.

저희 교회의 교인이 된 것이 행복임을 깨닫게 하소서.
이 나라에는 기독교인의 수가 점점 감소하는 추세인데
저희 교회는 매년 1,000명 이상 성도가 증가하고
부채를 다 갚고도 예산은 넘치나이다.

이러한 축복을 받은 저희 교인들
이 축복 저희만 누리지 말고
상처받고 방황하는 이들을 전도하여
같이 은혜 누리며 살 수 있게 하여 주소서.
세상에서 상처받은 영혼들 저희 교회에서 치유 받게 하소서.

너무나 빠르게 변화하는 세상에서
소수의 선택 받은 자들은
짧은 기간에 수백 억, 수천 억, 수조 원도 쉽게 버는데,
조금만 게을리하다가 시대에 뒤떨어져 느슨하게 되면
단칸방 월세살이를 못 면하고
엄청난 등록금을 감당하고 대학을 졸업해도

취직할 데가 없어서 방황하는 젊은이들이 얼마나 많은지요.

창업해라, 벤처해라, 쉽게 말하지만

무슨 돈으로 창업하며,

실패하면 영원히 신용불량자 신세가 될지도 모르고,

기업의 성공률이 10퍼센트 미만이라는데

90퍼센트 실패자의 눈물은 누가 닦아 주오리까?

지금 이 순간에도 거듭된 사업 실패로

목숨을 끊는 자가 얼마나 많은지,

도망 다니는 빚쟁이 신세가 얼마나 비참한지요.

평생 성실히 회사 하나 키우려고 놀지도 않고

잠 안 자고 일했건만

경기의 부침으로 사업이 망하고,

악성 채무자로 몰려 수감된 이들이 얼마나 많은지,

그들의 억울한 절규가 얼마나 아픈지,

누가 그들을 위로하며 누가 그들을 회생시키오리까?

실패자의 고통이 얼마나 아프고

얼마나 처절한지 누가 치유하오리까?

오직 하나님밖에 없습니다.

하나님께서 해결하여 주소서.

교회가 그들의 회생을 도우며,

저희가 그들을 위로하게 하소서.

저희 교회 성도들을 축복하시어

고통과 아픔은 있을지라도

비참한 실패자는 없게 하여 주소서.

실패의 자리에서도 굳건히 일어서게 하여 주소서.

그리하여 "나의 곤고한 날에 여호와께서 나를 도우셨다" 하고

간증할 수 있는 성도들 되게 하여 주소서.

예수님의 이름으로 기도드립니다. 아멘.

2015. 05. 29 • 3부예배 대표기도

여름 / 나는 너를 결코
버리지 않으리

참으로 좋으신 아버지 하나님 감사합니다.

초여름답지 않게 무더운 날씨에도,

이렇게 아름답고 시원한 교회에 나와서

주님께 목소리 높여 찬송하고 기도하며

목사님이 전해 주실 은혜의 말씀을 사모하며

즐거운 안식을 얻을 수 있게 해 주시니

참으로 감사하고 감사합니다.

우리가 어디에서 이렇게 편안한 안식을 얻으며

우리가 어디에서 이렇게 참 즐거움을 누리겠습니까?

빠르게 변하는 첨단과학 정보화시대에

잠시만 방심하면 인생의 낙오자가 될 것 같은

불안과 걱정으로 많은 사람들이

종교를 찾아 헤매지만,

세상의 많은 종교는

종교 지도자들의 사리사욕을 채우기 위해

신을 무서운 존재로 부각시켜

모든 것을 바치게 종용하고

맹목적인 복종을 강요함으로써

평안을 얻기보다는 괴로움만 더해지고

때로는 패가망신하기도 합니다.

심지어 교회마저도 참된 평안과

안식이 없는 경우가 너무나 많습니다.

일부 교회는 세상의 거짓 종교와

다를 바 없기도 하고,

많은 교회가 하나님의 은혜와 사랑을

바로 전하지 못하여

하나님의 사랑에 대한 진정한 감격을

체험하지 못하고 있습니다.

"여인이 어찌 그 젖 먹는 자식을 잊겠으며

자기 태에서 난 아들을 긍휼히 여기지 않겠느냐

그들은 혹시 잊을지라도 나는 너를 잊지 아니할 것이라"(사 49:15)

라고 말씀하신 사랑의 하나님을 바로 알지 못하고 있습니다.

또한 주님의 십자가의 보혈로

죄로 인한 형벌이 없는 은혜 속에 살면서도

여전히 하나님을 무서워하고

죄로 인한 형벌을 무서워합니다.

그래서 좋으신 하나님을,

바치면 좋아하시고 안 바치면 벌을 주시는

사이비 종교의 신과 같은 존재로 인식합니다.

물질을 바쳐야 하는 부담감과

과잉 충성과 봉사의 강박증으로

많은 사람들이 교회를 떠나고

또한 교회 오기를 싫어하고 있습니다.

그렇게도 부흥했던 유럽과 미국에

많은 교회가 텅텅 비어가고 있으며

한국 교회도 교인 숫자가 줄어들고 있는

안타까운 통계를 접합니다.

하오나 아버지 하나님,

저희 교회는 주님께서 축복하셨으며

지혜로운 목사님을 보내 주셔서

얼마나 감사한지요?

말씀 준비에 최선을 다하며

성도들에게 은혜로운 말씀이 되도록

항상 눈물 어린 간구로 간절히 기도하는 목사님에게

하나님께서 응답하셔서

성도들이 매 시간 은혜와 감격이 있는 말씀을 받게 하시니

참으로 감사하고 감사합니다.

이렇게 은혜롭고

이렇게 사랑이 넘치는 교회,

이렇게 서로 화합하는 교회에 다니는 것이

얼마나 큰 축복인지 깨닫게 하여 주소서.

시끄러운 교회, 내분만 있고 은혜는 없는 교회가

이 땅에 참으로 많습니다.

저희들은 축복받은 하나님의 자녀들임을

분명히 깨닫고 감사하게 하소서.

그리고 이것을 저희만 누리지 말고

모든 이웃, 이 나라 전체, 세계 인류 전체가

이러한 행복을 누릴 수 있게,

모든 교인들이 전도에 힘쓰게 하여 주소서.

저희 교회는 목사님께서
세계 선교에 큰 꿈을 갖고
한 단계씩 실천하고 있습니다.
남아공에 선교센터 건립 중에 있고
또한 국내에 거주하는 외국인 선교센터 건립을
준비하고 있습니다.
세계 곳곳에 20여 명의 선교사가
파견되어 있습니다만,
해마다 더 많은 선교사를
파견할 계획을 하고 있습니다.

금년에도 하기 단기 선교를
대만, 태국, 필리핀에서 시행하고자 합니다.
특히 필리핀은 35명의 많은 봉사자가 파견되어
의료, 미용, 교육 등의 봉사를 하며
마지막 날엔 필리핀 다바오 섬 주민 500명 이상과
선교 파티와 함께 선물을 나누는 행사도 갖고자 합니다.
이 모든 일에 저희의 간절한 기도가 있게 하시고,
하나님의 응답의 축복이 임하게 하소서.

오늘 목사님의 은혜로운 말씀이 전해질 때에
저희 모두의 찬양으로 은혜 넘치게 하소서.
예수님의 이름으로 기도드립니다. 아멘.

2013. 06. 23

가을 / 꿈이 있기에
　　　　주님을 바라봅니다

참으로 좋으신 아버지 하나님 감사합니다.
결실의 계절 가을입니다.
국화 향기 느끼며 아름다운 주의 전에 나와
예배드릴 수 있게 해 주시니 참으로 감사합니다.
이 시간 은혜와 감사가 넘치는 시간 되게 하소서.

저희가 어렸을 적 가을은
참으로 축복의 계절이었습니다.
하늘은 높고 푸르며 달빛은 찬란한데
그 달빛 아래 온가족이 모여 앉아
무더운 여름 내내 땀 흘려 가꾼
오곡백과를 풍성히 먹으며
정다운 대화를 나누는 가을밤은
참으로 행복한 나날이었습니다.

배불리 먹을 수 있고,

편히 입을 옷만 있고,

따뜻하게 잠잘 방만 있으면,

행복할 수 있을 것 같았는데,

이제는 먹을 것이 너무 많아

어떻게 하면 적게 먹고 살을 뺄까 고민하는

과잉의 세상에 살면서도

저희의 고민은 더 깊어지고,

저희가 느끼는 고통은 더 심해지고,

우울증 환자는 증가하고 있습니다.

참으로 이해하기 힘든 이 현실에 저희는 깨닫습니다.

인간은 쉽게 이룰 수 없는 꿈을 이루어 보겠다는

과한 욕심 때문에 스스로를 고통과 고난의 길로

내몰고 있다는 사실을 알았습니다.

야곱은 부잣집 둘째 아들로

어머니 사랑을 받으면서

행복하게 살 수 있었음에도

장자의 복을 받으려 아버지를 속인 것을 시작으로

수많은 고통을 겪었습니다.

요셉은 열한 번째 아들로 태어났지만,

아버지의 편애와

형들이 자기 무릎 앞에 절하는 꿈 얘기를 하다가

형들로부터 시기와 질투를 받아

먼 이국땅의 노예 신세가 되었습니다.

그러나 저희는 또한 깨달았습니다.

그들의 꿈이 황당하고 인간적으로 과했음에도

그 꿈으로 주님과 동행하며 주님을 의지했기에

꾸짖지 않으시고 다 들어주셨음을 알았습니다.

그리하여 야곱은 그의 열두 아들이

위대한 이스라엘 민족을 이루었고

요셉은 30세의 나이에 대제국의 총리가 되었습니다.

지금 우리도 우리들의 꿈 우리들의 욕심으로

좌절하고 고통스러워합니다.

내가 갈 수 있는 대학은 다 싫고,

오직 내가 갈 수 없는 그 대학만 가고 싶고,

나를 좋아하는 사람이 그렇게도 많은데 다 싫고,

나를 싫어하는 그 사람에게 매달리고,

내가 가진 것은 다 하찮게 여기고,

내가 가지지 못한 것,

그로 인해 좌절하고 절망하고 있습니다.

주님, 저희들의 욕심을 소멸하시어

현재의 받은 은혜로 감사하며 살게 하소서.

하오나 주님, 또 깨달았습니다.

저에게는 꿈이 있기에 주님을 바라보게 되며

제 능력으로는 이룰 수 없음을 알기에

주님을 의지하게 된다는 것을 알았습니다.

저희들의 욕심이 때로는 황당하고 지나칠지라도

주님을 의지하고 주님과 함께 꾸는 꿈이라면

주님, 외면하지 마시고 들어주실 줄로 믿습니다.

꿈이 없다면 축복을 받고도

하나님께 감사할 줄 모르는

에서의 삶이 될 수 있사오니

우리도 야곱처럼 꿈꾸고

고난도 감당하며 살고 싶습니다.

하오나 꿈을 꾸며 살아가는 인생 여정에

현실적으로 저희가 당하는 고난과 역경,

아픔과 슬픔은 너무나 힘들고 괴롭습니다.

너무 아픕니다.

이번에 밀어닥치는 거친 비바람이 지나면

맑은 햇빛을 볼 수 있겠지, 바라고 기대했지만

더 센 광풍이 몰려와

내가 일평생 쌓아놓은 작은 모래성들이

파도에 밀려 흔적조차 없이 사라져 버립니다.

아무것도 없는 차디찬 바닷가에 혼자 주저앉아

밀려오는 파도에 몸을 맡기고

꿈과 소망을 잃고

신음소리 하나 낼 수 없는 절망의 순간에

예수 믿지 않는 세상 사람들의 승리의 웃음소리가

나를 조롱하는 소리로 들립니다.

그때, "나의 하나님, 나의 하나님, 어찌하여 나를 버리셨나이까."

"나를 버려두지 마시고 나의 마지막 기도를 들어주십시오."

애원할 때 주님은 냉정하게

그 마지막 기도마저 외면하시는 것 같아

원망하며 주님을 떠나려 하지만

그런 저희를 버려두지 않으시고

친히 찾아 오셔서 붙잡아 주소서.

야곱이 너무나 두렵고 외롭고 고통스러워

얍복강 언덕에서 밤새 부르짖을 때

하나님께서 만나 주셨듯이

저희들의 괴로움이 한계상황에 이른 그때

저희를 버려두지 마시고

삶의 문제를 해결해 주옵소서.

"네가 진짜 힘들었구나."

"내가 여기 있지 않느냐?"

"무엇을 두려워하느냐? 내가 너를 도와주마."

"내가 너의 하나님이라. 내가 영원히 너와 함께하마."

이 확실한 음성 들려주시어

그 음성 하나만으로 일평생 괴로우나 슬프나

주님만 의지하고 살아갈 수 있는

축복의 성도들 되게 하여 주소서.

담임목사님을 주님께서 굳게 붙잡아 주시고

지혜와 능력을 일곱 배나 더하여 주시어

이 나라, 이 백성, 온 인류를 구하는

메시아적 사명을 감당하는

위대한 목사님으로 삼아 주소서.

예수님의 이름으로 기도드립니다. 아멘.

2015. 10. 11 • 3부예배 대표기도

다시 봄 / 오는 봄을
　　　　　막아 보려 하지만…

참으로 좋으신 아버지 하나님!
3월 첫 주의 거룩한 날,
하늘로부터 내리는 주님의 세미한 음성 듣게 하시며
영안을 밝히시어 하늘의 소망을
바라볼 수 있게 하여 주소서.

아직도 차가운 바람이 귓가를 세차게 스치고
남쪽하늘에서는 지금도 폭설이 내려
오는 봄을 막아 보려 하지만
하나님의 섭리로 이미 봄을 맞이하고 있습니다.

매화의 꽃망울이 눈송이 속에서
그 향기를 피우려 하듯이
저희들 인생의 겨울이 아무리 길게 느껴질지라도
하나님 섭리의 때가 이르면 인생의 봄이 정녕 오리니
그날을 기다리며 그날을 소망하며

즐거이 견디게 하여 주소서.

절망과 좌절의 겨울,
눈물과 한숨의 겨울,
아픔과 고통의 겨울,
때로는 너무 깊게 때로는 너무나 잔인하게,
휘몰아쳐 올 때도 있지만,
북풍한설의 매서움으로 더 깊은 뿌리내리듯,
아픈 고난 통하여 저희의 믿음 더욱 굳세어져
이 굳센 믿음이 저희를
찬란한 봄의 동산 시온성으로 인도할 것을 믿습니다.
이 놀라운 주님의 섭리 깨달아
어떤 고통도 어떤 아픔도
즐거이 맞이하게 하여 주소서.
하늘의 소망을 주신 주님이 저희와 함께 있을진대
저희들의 마음 언제나 감사와 기쁨만이
넘치게 하여 주소서.

오늘도 담임목사님이 전하시는 말씀으로
은혜를 받아 주님의 법도를 깨달으며,
주님의 사랑을 느끼는 시간 되게 하여 주소서.

새 성전 건축을 총괄지휘하고 계시니,
늘 건강 지켜 주시고 지혜 주시고 능력 주소서.

저희 성전 건축은
단순히 예배처소를 위한 공간을 짓는 것이 아니고
꿈과 비전을 건설하려고 합니다.
이 교회를 통해 이 꿈이 이루어지게 하여 주소서.

갈기갈기 찢겨지고, 푯대를 잃고 표류하며,
내일의 꿈을 잃고 뒷걸음질 치는 이 나라를 위해
위대한 꿈을 가진 지도자가
이 교회에서 많이 배출되게 하여 주소서.
세계 복음, 세계 역사와 세계 평화를 주도하는
위대한 나라와 민족이 되게 하여 주소서.

내년 40주년 창립기념 예배를
새 성전에서 은혜롭게 드릴 수 있게 하여 주소서.
예수님의 이름으로 기도드리옵나이다. 아멘.

2005. 04. 02 • 3부예배 대표기도

여름 / 이 세상은
짧은 나그네 길

참으로 좋으신 아버지 하나님, 참으로 감사합니다.
장마철을 맞아 찌는 듯한 무더위에
저희들 건강을 지켜 주시고
폭우로 피해 입는 가정 없게 하여 주소서.

찌는 듯한 더위가 없었으면 좋겠는데,
불편하고 지루한 장마가 없었으면 좋겠는데,
두려운 천둥과 번개도 없었으면 좋겠는데,
우주의 모든 생명체에
어찌하여 필요한 것들이 공급받도록 되어 있는지
행악자가 형통하며
어찌하여 선을 행하는 자가 고통을 당해야 하는지
동방의 의인 욥에게 어찌하여 고통을 주어
자기의 생일을 저주하게 하는지….

욥이 "내가 난 날이 멸망하였더라면

그 날이 캄캄하였더라면

빛도 그 날을 비추지 않았더라면, 좋았을 것을

어찌하여 내가 태에서 죽어 나오지 아니하였던가

어찌하여 곤고한 자에게 빛을 주셨으며

생명을 주셨는고

죽기를 바라도 오지 아니하니

나에게는 평온도 없고 안일도 없고

휴식도 없고 다만 불안만이 있구나" 한 것처럼

저희의 목전에서 전개되는

삶의 황량한 광풍의 의미를

동짓날 긴긴밤을 꼬박 세워 생각해도

이해할 수 없고 수용할 수도 없어서

좌절하고 절망하며

인생은 참으로 비참하고

허무하다고 생각했습니다.

하오나 주님의 은혜로 선택을 받은 저희는

아픔의 의미도 알고 고통의 교훈도 깨달으며

이 세상은 짧은 나그네 길이라 생각하고

저희의 소망은

영원한 하늘나라임을 알게 되었습니다.

슬픔 속에서도 절망하지 않으며
고통 중에서도 세상이 줄 수 없는 참 평안을 얻으며
놀라운 은혜를 주신 하나님께
감사의 찬송만 부를 따름입니다.

지극하신 주님의 은총을 받은 저희들,
그 은혜에 감격하여 더 열심히 봉사하고
더 열심히 충성하게 하시고
남은 인생도 주님만을 위해 살게 하소서.

저희 교회 건축이
인간의 계획을 뛰어넘는 은혜로
잘 진행되게 하여 참으로 감사합니다.
기도, 물질, 시간, 모든 것을 바쳐
주의 몸 된 교회를 지으려고
헌신하는 성도들에게 주님 큰 복을 내려 주소서.
예수님의 이름으로 기도드립니다. 아멘.

2000. 08

가을 / 지난여름은
　　　　　참으로 길고 무더웠습니다

참으로 좋으신 아버지 하나님!

오곡백과로 풍성한 축복의 계절 가을,
주의 거룩한 전에서 사랑하는 가족과 함께
은혜로운 말씀 사모하고 즐거이 노래하며
축복의 안식일을 누릴 수 있게 해 주시니
참으로 감사하고 감사합니다.

지난여름은 참으로 길고 무더워
견디기 힘들었습니다.
그러나 이제 아침저녁의 서늘한 바람에
더위는 잊어버리고 추운 겨울을 걱정하게 됩니다.
참기 힘든 무더웠던 여름날을 생각하면
겨울은 즐겁게 맞이해야 하겠지만
우리 인간은 조금만 더워도, 조금만 추워도,
못 견디겠다 아우성치는 연약한 존재입니다.

또한 지난날 받은 축복이 참으로 크고 행복했지만
저희는 조금만 힘든 일이 생기면
불행해하고 좌절하고 하나님을 원망하고 맙니다.
용서조차 구하기 힘든 큰 죄인 것 같지만
이것이 어찌 용서받지 못할 인간의
큰 죄가 될 수 있겠습니까?

이것이 연약한 인간의 한계입니다.
그러기에 저희는 잠시라도
주님 돌보심이 없이는 살 수 없고,
주님 축복의 손이 드리워지지 않으면
살 수 없음을 느끼고 또 느꼈습니다.
무슨 힘으로 노아의 홍수를 피할 수 있으며
욥의 고난을 견딜 수 있겠습니까?
저희 힘으로 아무것도 할 수 없음을 깨닫고
형편과 처지 그대로 아뢸 수 있게 하소서.

홀로 강한 것처럼
자기 힘으로 의로워지려고
괴로워도 억지로 웃으며 참고 스스로 해결하려다
지쳐 쓰러져 좌절하지 않게 하소서.

아프고 괴롭고 견디기 힘들면

주님께 솔직히 아뢸 수 있게 하여 주시고

그 고통이 너무 길고 힘들면

투정하는 어린아이 같은

순진한 신앙이 되게 하시고

그것을 하나님께서

기뻐하시는 줄 믿게 하옵소서.

괴롭고 힘들 때

나의 답답한 심정 터놓고 아뢸 수 있는

주님이 계신다는 것이 얼마나 큰 행복이며,

울고 싶을 때

마음 놓고 큰소리로 울 수 있으며

저희의 눈물 닦아 주시고 위로해 주시는

주님이 계신다는 것이

얼마나 큰 축복인지 알게 하소서.

저희에게 꼭 필요한 것을

반드시 해결해 주시는

전능의 하나님이 아버지이심을

진정으로 깨닫게 하여 주소서.

마음이 괴로워도, 슬퍼도,

항상 기뻐하며

범사에 감사할 수 있는 저희가 되게 하소서.

주님!

담임목사님께 능력 주시고

지혜를 주시어 감사합니다.

성도들에게 은혜로운 하나님의 사랑의 말씀과

위로의 말씀을 듣게 하셨으며

어려운 세상 살아가는 데 큰 힘이 되게 하시고,

축복의 삶을 누릴 수 있게 하소서.

저희가 드리는 찬양을 통해

주님 영광 받으시고

모두에게 은혜의 시간 되게 하소서.

예수님의 이름으로 기도드립니다. 아멘.

2013. 10. 06 • 3부예배 대표기도

겨울 / 저희 허물이
　　　　열 개일지라도

참으로 좋으신 아버지 하나님!

11월 차가운 바람이 귓가를 스치고
우수수 떨어지는 은행잎을 바라보면
가슴속 깊이 파고드는 슬픔으로
두 눈이 젖어오는 슬픈 계절입니다.

하오나 주의 은혜 임하셨으며
사랑하는 온 가족과 아름다운 주의 전에 나와
기쁨으로 경배 드리게 해 주시어 감사합니다.

주님 없는 세상 파도는 무섭고 불안합니다.
나의 일터는 안전할까?
도대체 갈피를 잡을 수 없는 불안한 세상입니다.
나의 일터는 내일 안전할까?
평생 땀 흘려 가꾼 나의 기업은 어떻게 될까?

내 자리는 없어지지 않을까?

정년이 가까운 나는 은퇴 후에 무엇을 할까?

내가 산 주식은 얼마나 더 떨어질까?

빚 얻어 마련한 주택 폭락의 끝은 어디일까?

부채로 인해 집을 날리지는 않을까?

열심히 공부한 자녀들이 시험에 낙방하여

흘리는 눈물을 보게 되면 얼마나 아플까?

고생 끝에 얻은

경제적 여유를 채 누리기도 전에

갑자기 찾아온 병으로

죽음의 그림자 앞에서 절규하는 분도 있습니다.

세상만 바라보았을 때 잠시도 편할 날이 없고

행복한 순간이 없습니다.

모순되고 모순된 세상

물질적 풍요로움 속에서도

돈으로 괴로워하고 고통스러워하며

급기야 자살까지 이르는 사람이 적지 않습니다.

과학과 의학이 발달해도

더 많은 병으로 신음하며 죽어가는 모순된 현실 속에

저희는 살고 있습니다.
하나님의 은혜 안에서만 저희의 생명은 안전하며
삶이 풍부해지고 평안을 누릴 수 있습니다.
이 은혜를 알게 해 주신 주님께 감사드리며
더욱 주님께 의지하는 축복의 삶이 되게 하소서.

세상 파도의 높은 파고에 두려워 떨지 않게 하시며
물가로 걸어오는 주님을 바라볼지언정
파도를 보다가 넘어지지 않게 하소서.
오늘의 경제적 불황이 세계를 휩쓸고
온 인류를 휩쓸고 삼킬지라도
저희 성도들에겐 위험한 파도가 미치지 못하게 하여 주소서.
어려운 가정들, 갈피를 못 잡는 가정들에
주님 찾아오셔서 위로하시고
삶의 방향을 일깨워 주소서.

주의 아름다운 성전 건축을 위해
몸과 마음과 물질을 바쳐 충성한
주의 백성들을 기억하시고,
이 어려운 때에 주의 축복의 손 드리우시어
"나의 곤고한 날에 나의 전능하신 여호와께서 나를 붙드셨다"고

간증할 수 있게 하소서.

근심하지 않게 하소서.

염려하지 않게 하소서.

전능하신 주님의 손만 의지하게 하소서.

저희 허물들 다 용서하시고,

저희 허물이 가득할지라도

주님께 바친 작은 겨자씨 하나로

저희의 허물을 덮으시고 축복으로 채워 주소서.

밤마다 새벽마다 눈물로 애원하는

저희의 간구에 외면하지 마시고

응답으로 채워 주소서.

채워 주실 줄 믿고

그 믿음으로 인해 저희의 발걸음이

더욱더 활기차게 하시고,

저희의 마음이 평안하게 하소서.

혹여 저희의 간구에

주님의 응답이 더디 올지라도

참고 견디며 주님 뜻에 순응하게 하시고

외양간의 소가 없을지라도

밭에 소출이 없을지라도

무화과나무에 열매가 없을지라도

여호와 한 분으로 만족할 수 있는

하박국의 심정 또한 주소서.

이 나라 온 백성을 주님 축복하시어

경제적 어려움을 슬기롭게 해결할 수 있도록 인도하소서.

사랑의 성품으로 목회하는 주님의 귀한 종,

이 교회에 오신 지 10여 년 동안

사랑을 가르치시고 사랑을 실천하시며

전교인과 화합하여 은혜롭게

이 아름다운 교회를 건축한 능력의 종

이 훌륭하신 목사님 앞길에

건강과 축복으로 채워 주소서.

또한 목사님이 떠나신 그 자리를

충분히 감당할 수 있는 능력 있는 주의 종을

주님 예비하신 날에 보내 주시어

이 교회를 통해 주님이 드리우신

큰 뜻을 이루어 주소서.

이 나라 복음을 주도하고 세계 복음을 주도하여
21세기에 가장 우뚝 설 수 있는
능력의 교회가 되게 하소서.
이렇게 아름다운 전을 건축하게 하신 것이
주님의 뜻이라 믿고 열심히 기도하며 마음에 다짐을 합니다.
부족한 저희들이지만 주님의 영광의 도구로 써 주소서.
예수님의 이름으로 기도드립니다. 아멘.

2008. 11. 02

죽음의 권세 깨뜨리시고 영광의 부활로
완전한 승리자가 되신 주님께
영광과 경배와 찬양을 드립니다.
주님! 부족한 저희가
부활의 참 의미를 알게 하여 주소서.

3부

―

청운의
아름다운 날들

―

부활절 / 죽음의 권세 깨뜨리시고
영광의 부활로

죽음의 권세 깨뜨리시고 영광의 부활로
완전한 승리자가 되신 주님께
영광과 경배와 찬양을 드립니다.
주님! 부족한 저희가
부활의 참 의미를 알게 하여 주소서.

부활의 화려한 승리가 있기까지는
안개 낀 겟세마네의 새벽 동산에서
무릎이 닳고 땀이 피가 되는
처절하고 절실한 간구가 있었나이다.
"이 잔을 마시지 않게 하여 주소서."
그러나 처참하게도
그 기도가 외면당하는 비통함도 있었나이다.
연이어 계속되는 것은
극한 상황의 연약한 인간에게서
나올 수밖에 없는 원망의 절규였나이다.

"나의 하나님, 나의 하나님, 어찌하여 나를 버리시니이까."
그러나 끝내 그 간구를 접고 "나의 소원대로 마시고
아버지의 뜻대로 하옵소서" 하는
순종의 믿음이 있었기에
영화로운 부활의 승리가 있었음을 압니다.

저희 인생의 여정에서도
때로는 견딜 수 없는 고통과 아픔이
성난 폭풍우처럼 밀려와
눈물로 간구하고 또 간구해 보지만
당신의 침묵에 버림받은 자의 분노로 원망하고 반항하며
엇길로 한없이 달려가곤 합니다.

그러나 주님의 은혜에 이끌려 "주님 뜻대로 하옵소서" 하는
순종의 믿음이 있었기에
저희들은 수많은 역경에도 승리하고,
오늘 이 부활의 영광 잔치에
승리자의 모습으로 당당히 서게 됨을
다시 한 번 주의 은혜에 감사를 드립니다.
앞으로 남은 저희 인생에도
수많은 역경이 있을 수 있으나

이 진리를 깨닫고 어떠한 고난에서도 참고 견디어
영원한 그 나라에 이를 때까지 승리하는
저희들 되게 하여 주소서.

오늘 이 성전도 넉넉지 못한 저희들의 형편에서
아끼고 또 아껴 궁핍하게 살면서도
성전 건축에 아낌없이 드리는
성도들의 헌신이 있었기에
비록 미완성이긴 하지만
이렇게 아름다운 본당에서
교회의 온 식구가 한자리에 모여
감격의 예배드릴 수 있게 하시니
참으로 감사하고 감사합니다.
이 성전 건축에 정성을 바친 성도들에게
한없는 복으로 채워 주소서.
일찍이 성전 건축을 사모하는
다윗의 마음을 갸륵히 여기사
"너와 네 자손은 죄를 범할지라도 내가 지키리라"
하심같이 온 청운의 성도들에게도
이 성전 건축에 헌신한 정성을 보시고
저희의 행위가 때로는 악할지라도,

때로는 죄를 범하고 무능할지라도,

때로는 욕심이 많을지라도

저희의 모든 행위를 덮으시고 복을 더해 주시고

원하고 간구하는 모든 것 이루어 주소서.

주님 꼭 이루어 주시어

성전 건축을 사모하는 자의 복을 체험하는

축복의 성도들 되게 하여 주소서.

오늘 이 아침 주님의 부활을 기리기 위해

연합 성가대와 여러 찬양 팀이

정성껏 찬양을 준비하였사오니

이 모든 찬양을 통하여 주님 크게 영광 받아 주소서.

저희 모두에게는

이 성전에서 울려 퍼지는 찬양을 통하여

크게 은혜 받게 하시고

부활의 기쁨을 마음껏 누리고 돌아가는

저희들 되게 하여 주소서.

예수님의 이름으로 기도드립니다. 아멘.

2004 • 부활절

명성교회 새 성전 건축공사 협약식

추수감사절 / 주님께 감사의
찬미를 드립니다

참으로 좋으신 아버지 하나님!
저물어 가는 20세기의 마지막 추수감사절을
축복의 은총으로 맞이할 수 있게 해 주시니
참으로 감사합니다.

IMF 환란은 저희들에게 미래의 꿈마저 상실한 채
절망의 늪에서 방향을 잃고 방황하게 만들었습니다.
그러나 주님의 자비로운 손길로
예상보다 훨씬 빨리 그 고통을 거두어 주셨습니다.
새로운 희망과 용기로 채워 주신 주님께
감사의 찬미를 드립니다.

돌이켜보면 이 민족에게 향하신 놀라우신 은총과
이 민족에게 드리우신 축복의 손길이
얼마나 크신지 표현할 길이 없습니다.
강퍅하고 완악했던 이 민족의 마음 밭에

복음의 씨앗 뿌려 많은 결실을 맺게 하시고
그 복음의 능력으로 나태한 민족을 근면한 민족으로,
절망, 한숨과 좌절만 있던 민족을
확실한 믿음과 용기로 도전케 하셨습니다.

비극적 전쟁의 폐허 속에서도
불과 반세기의 짧은 기간에 유례를 찾아볼 수 없는
찬란한 발전을 허락하신 주님께
참으로 감사를 드립니다.
아직도 사회 곳곳에는 고질적 병폐와
불의와 절망적 요소가 많지만
주님 저희와 함께하심을 믿어
더 큰 꿈과 용기를 갖게 되었으니
다가오는 21세기에는 지난날의 축복보다도
더 큰 축복으로 채워 주소서.

주님! 저희 교회에 드리우신 놀라우신 은총에
뜨거운 감사의 기도를 드립니다.
일찍이 개척의 장을 여신 목사님,
큰 꿈 향해 전진케 하시고
도약을 위한 안정의 발판을 다지게 하셨으며

그 안정된 토대 위에 21세기의 꿈을 펼쳐 나갈 수 있는
능력의 목사님을 보내 주시니 참으로 감사합니다.

10여 년간 봉직한 정든 교회,
옷소매 잡아당기며 앞길 가로막는
정든 교인들과 눈물의 이별,
일찍이 하나님이 주신 선한 계획으로
편히 목회할 수 있는 편안한 길 버리고
결코 젊지 않음에도
새롭고 험난한 개척의 길을 택한 종의 마음에
어찌 갈등이 없겠으며 어찌 아픔이 없겠습니까!

모든 고통을 감내하면서 주님의 소명 받들어
가시밭길 같은 도전의 길을 택한 위대한 용기를
주께서 어여삐 보시고 장하게 여기시어
참된 위로와 평강을 주시고
용기를 북돋아 주소서.
신실한 믿음과 신령한 능력으로
겸손의 덕을 갖춘 목사님을 중심으로
더욱 사랑하고 화합하여 평화로운 교회,
능력의 교회가 되게 하여 주소서.

목사님을 선봉장으로 일치단결하여

십자가의 횃불을 높이 들고 힘차게 행진하고

승리의 나팔소리를 힘차게 울리게 하여 주소서.

뜨거운 성령의 불길 타오르게 하시어

이 나라 전체를 복음화 시키고

동토의 땅 북한을 성령의 불길로 녹아내리게 하시며

그 불길이 더 세찬 바람타고 올라가

12억 중국을 복음화하게 하여 주소서.

다가오는 21세기에는

세계 복음화의 중심 역할을

저희 교회가 감당할 수 있게 하여 주소서.

이 나라 이 민족의 희망의 횃불이 되어

세계 역사 위에 우뚝 설 수 있는

큰 소명 감당하게 하여 주소서.

이 원대한 꿈 앞에 저희는 언제나 겸손하며

이 가슴 벅찬 소명 앞에 헌신하게 하여 주소서.

더 열심히 기도하고 충성하며 봉사하게 하여 주소서.

목사님에게 언제나 새로운 건강 주시고

전 교우의 기도의 후원이 끊어지지 않게 하여 주소서.

이 예배 위에 주님 은총 내려 주시고
말씀을 통하여 은혜 받게 하시고
하나님께 영광 돌리는 예배 되게 하여 주소서.
예수님의 이름으로 기도드립니다. 아멘.

성탄절 / 가장 낮은 자로
이 땅에 오신 주님

참으로 고마우신 아버지 하나님, 감사합니다.

죄의 사슬에서 영원히 풀려날 수 없었던 저희에게

2천 년 전 오늘 선지자의 예언을 따라

한 아기를 보내 주셨습니다.

"그의 어깨에는 정사를 메었고

그의 이름은 기묘자라, 모사라,

전능하신 하나님이라,

영존하시는 아버지라, 평강의 왕이라 할 것임이라" (사 9:6)

그의 전능하심에 능력 받게 하시고

그의 영존하심에 힘입어 영생할 수 있게 하시고

그의 평강을 통하여 하늘의 참 평안을

맛볼 수 있게 하여 주옵소서.

흑암이 가득한 이 땅에 주님이 오심으로

은혜의 시대가 열렸으나

아직도 주가 오신 참 뜻을 바로 알지 못하고

사랑 안에 거하기보다

사망의 공포, 형벌의 공포,

파멸의 공포에 사로잡힐 때가 많습니다.

오늘 주님 오신 날을 기억하여

주님의 은혜와 긍휼을

진정으로 체험할 수 있게 하여 주소서.

주님 영광 보좌를 버리시고

친히 인간으로서의 고통과 고난의 십자가를

저희 대신 져 주셨으니 주를 믿는 저희에게는

더 이상의 공포와 고통과 고난이 없고

오직 찬란한 내일의 영광만 있습니다.

이 영광은 저희들의 공로가 아니라

대가 없이 주신 주님의 은혜임을

진정으로 깨닫게 하여 주소서.

오늘 구주 나신 날,

참으로 기쁜 날,

마음 깊은 곳에서 넘쳐흐르는

뜨거운 감사의 찬송과 감격의 눈물이 있게 하시고
하늘의 참 평안을 맛볼 수 있는
귀한 시간 되게 하여 주소서.

저희는 늘 좋으신 하나님을 외치지만
마음 속 깊은 데서 멀리 계시는
무섭고 엄격하신 주로만 생각할 때가 많습니다.
오늘 이 시간에 주님은 언제나 가까이 계시고
흉금을 털어 놓을 수 있는 다정한 친구로
생떼도 부릴 수 있는 어머니같이 가까운 주로
인식하게 하여 주소서.
저희의 무거운 짐 맡아 주시는
좋으신 주님을 맞이하여 참으로 행복함을 느끼는
이 시간이 되게 하여 주소서.
이 기쁜 복음의 소식을 온 세계 만백성에게
전파하는 데 최선을 다하게 하여 주소서.

저희의 아주 가까운 곳에
공산 독재 집단이 주님을 부정하고 있으니
주여, 주님의 정의로운 검으로
악의 무리 물리쳐 주소서.

1997년 성탄의 날에는
이 민족 전체가 하나가 되게 하시고
더 이상 추위와 배고픔의 고통을 당하는
내 동족이 없게 하여 주소서.

오늘 성가대가 일 년 동안 열과 성의로
특별 찬양을 준비하였으니
지극한 정성을 어여삐 보사
주님 큰 영광 받아 주소서.
주께 드려지는 찬양이 은혜의 찬송이 되게 하시고
교회의 모든 권속들이 뜨거운 감격을
경험하는 시간이 되게 하여 주옵소서.
모든 성가대원에게 축복으로 보답하여 주소서.

동방박사들이 아기 예수께 드린
황금과 유황과 몰약보다 더 귀한 선물로 받아 주소서.
오늘 주의 사랑과 거룩함이
이 나라 이 민족 이 성전에 가득하게 하여 주소서.
예수님의 이름으로 기도드립니다. 아멘.

명성교회 새 성전 공사 현장에서 김삼환 목사님과 함께

특별새벽집회 / '만나'를 주시는
하나님

참으로 좋으신 아버지 하나님 감사합니다.
지난 한주간은 특별 새벽집회를 허락하셨으며
'만나'로 베푸시는
사랑의 방법을 깨닫게 하시고
은혜 받게 해 주시니 참으로 감사합니다.

종살이하던 이스라엘 민족에게
해방과 자유를 주셨고,
노력 없이도 마음껏 배불리 먹을 수 있는
맛있는 만나를 주셨지만
그들은 과거의 은혜도 잊고,
지금 누리고 있는 행복도 잊고,
끊임없이 새로운 것을 주지 않는다고
하나님을 원망하고, 불평하고, 불신하는 죄를
수없이 짓고 또 지었습니다.

그들의 모습이 오늘 저희의 모습과
너무나도 똑같음을 깨닫고 놀랐습니다.
지금껏 받은 은혜와 축복이 크고도 크건만,
이미 받은 은혜는 망각하고
지금 누리고 있는 축복은 하찮은 것 같고,
새로운 복을 갈구하며
끝없이 구하고 또 구하다가
결국은 하나님이 들어주시지 않는다고
불평하고 원망하며 좌절하다가
때로는 하나님께 대한 불신으로 이르고 마는
저희들의 모습입니다.
아버지 하나님, 구하옵니다.
이러한 저희의 추한 모습, 악한 모습 외면치 마시고
사랑의 눈으로 긍휼히 여기시고 용서하여 주소서.

이것이 인간의 한계이며
상한 갈대보다 더 연약한 우리의 임계점입니다.
그것을 잘 아시는 하나님이시기에
은혜를 배반하는 이스라엘 민족을 버리지 않으시고
고기가 먹고 싶다고 하면 메추라기를,
목이 말라 하면 반석의 샘물을,

춥다 하면 불기둥을,
덥다 하면 구름기둥으로 응답해 주셨듯이
오늘 구하는 저희들의 간구를 들어주소서.

좋은 직장에 취직하고 싶습니다,
남보다 먼저 진급하고 싶습니다,
돈을 많이 벌고 싶습니다,
건강하고 싶습니다,
자식들이 잘 살아가는 모습 보고 싶습니다,
지금 구하는 것들이 남의 일일 때는
별것도 아닌 것 같지만,
제가 당할 때는 너무나 절박합니다.

양식이 없어서 굶으면 하루라는 짧은 시간도
얼마나 길고 얼마나 서럽고 고통스러운지요.
세계적 경제위기 속에서
실업자로 살아가는 고통이 얼마나 큰지,
평생 땀 흘려 가꾼 내 사업이 부도가 나서
빚쟁이가 되어 도망 다니는 신세가 얼마나 처참한지,
직장에서 그렇게 열심히 일한 나는 퇴출되고,
일 안 하고 못되게 모사만 부리는 친구는

도리어 진급되는 모습을 바라보는

그 심정이 얼마나 비통한지요.

삶의 여정에서 수없이 다가오는

절박한 순간순간의 길목에서

제 힘으로는 어쩔 수 없음을 깨닫고

하나님께 구하고 또 구하지만,

하나님께서 저희의 기도를 외면하실 때

연약한 저희들은

불평하고 원망하고 좌절하고 주님을 불신하고

마침내 주님 곁을 떠나려 할 때가 있습니다.

사랑의 주님, 떠나려는 그 순간

저희를 버려두지 마시고 친히 잡아 주소서.

연약한 저희가 주님을 떠나 어디로 가오리까?

절망의 그 자리에서 주님을 바라볼 수 있게 하시고,

한 번 더 주께 부르짖게 하사

주님의 부드러운 음성으로 응답해 주소서.

찬송가 280장의 가사처럼

"나 예수 의지함으로 큰 권능 받아서 주 앞에 구한 모든 것

늘 얻겠습니다" 간증하는 저희들 되게 하소서.

이 나라를 주님 축복하여 주소서.

모든 국민이 행복을 누리는 나라가 되게 하소서.

기쁨으로 위로받는 시간 되게 하소서.

예수님의 이름으로 기도드립니다. 아멘.

2013. 03. 03 • 새벽집회 대표기도

사순절 / 하나님의 사랑 안에서
　　　　　 살게 하소서

놀라우신 주의 사랑을 깨닫게 해 주시니
참으로 감사하고 감사합니다.

여기에 모인 저희들 못나고, 무능하고,
연약한 야곱 같은 이들입니다.
에서처럼 강하지 못해 잠시도 주님 없이는 살 수 없고,
주의 도움 없이는 아무것도 할 수 없음을 잘 알기에
늘 주님께 의지해야 하고, 위로받아야 하고,
힘들고 지칠 때 도와달라고 부르짖어야 합니다.

하오나 저희들이 간절히 간구할 때면
저희들의 죄 때문에 주님이 기도를 외면하실 것 같아
마음은 늘 불안하고 두렵습니다.
믿지 않는 자들은
무당의 말만 믿고도 행복하게 잘 사는데
죄 사함을 받은 저희는 죄 때문에 무서워하고

주님의 진노와 벌을 두려워하며
일평생 주님을 믿으면서도
죄에 짓눌려 참 행복을 모르고
참 자유를 누리지 못하고 있습니다.

예수님의 죽음으로
저희들은 과거의 죄, 현재의 죄뿐만 아니라
미래의 죄까지도 다 용서받았는데
오늘날 이 땅의 많은 교회들은
그것을 바로 알리지 않고
무서운 하나님,
징계하시는 하나님만 강조하였습니다.
특히 헌금에 대해서는
수많은 명분을 만들어 바치게 하고
제대로 지키지 않으면
큰 죄인인 것처럼 강조하여
교회에 와도 마음이 편하지 않습니다.
위로를 받으러 교회에 왔다가
상처만 받고 떠나 방황하는
불쌍한 영혼들이 얼마나 많은지요.
어찌 돈으로 죄의 유무나 경감을 할 수 있겠습니까?

이 타락한 시기에 교회를 세우시어

상처받은 수많은 영혼들이

저희 교회에서 위로받고 치유받게 하시고

매주 그 수가 늘어나게 하시니 참으로 감사합니다.

훌륭하신 목사님을 보내 주시어

우리의 잘못으로 벌하시지 않는

사랑의 하나님을 알게 하셨습니다.

또 연약한 저희들, 하나님의 친아들이기에

고통이 심하면 불평하고 반항도 하였습니다.

모세와 요나, 엘리야가 그랬고,

베드로는 주님을 모른다고 배신도 했지만

그들의 마음속엔 언제나

하나님 없이 살 수 없음을 깨닫는 믿음이 있었기에

그 어떤 행동도 투정도 사랑으로 받아 주셨음을 알게 하셨습니다.

이 귀한 진리의 말씀이

저희들에겐 언제나 기쁨과 은혜가 충만하며

사랑이 넘치게 합니다.

목사님이 오신 지 4년여 만에

교인은 3배 가까이 증가하였고

물질적 바침을 한 번도 강요하지 않았지만

예산은 해마다 풍족했고

교회 신축으로 인한 부채도

지난 연말 모두 해결했습니다.

얼마나 크신 은혜이며 이 얼마나 놀라운 축복인지요.

세상의 그 어떤 것보다 더 큰 축복임을 알게 하시고

감사하게 하소서.

이 큰 축복을 저희만 누리지 말고

상처받은 많은 영혼들을 더 많이 전도해서

하나님의 위로를 같이 받게 하려는

주님의 뜻을 깨닫기를 원합니다.

주변을 둘러보면,

사업 실패, 실직, 사고, 난치병 등

수많은 이유로 고통받는 이들 참으로 많습니다.

그들의 아픈 눈물을 진정으로 닦아 주고

그들의 고통을 함께 나누게 하소서.

이 거룩하고 숭고한 역사적 소명을

저희 교회가 감당하게 하시어

담임목사님을 중심으로 굳게 뭉쳐

열심히 전도하고 봉사하고 기도해서

주의 사랑을 실천하게 하옵소서.

그래서 이 교회가 인류 구원의 방주 역할을 하게 하소서.

예수님의 이름으로 기도드립니다. 아멘.

종려주일 / 순종하신 주님 모습
닮게 하소서

사랑과 은혜가 풍성하신 주 여호와 아버지 하나님!
주님께 감사와 찬양을 드립니다.
이 시간 저희들의 심령 새로워지게 하여 주시고
연약한 믿음이 더욱 굳건히 변화되게 하여 주소서.
갈급한 심령을 말씀으로 가득 채워 주시고
지친 몸을 성령으로 굳세게 하여 주소서.

여러 가지 근심을 주님께 모두 맡김으로
저희의 마음에 기쁨과 감사의 찬송만이
흘러넘치게 하여 주소서.
받은 축복에 감사하고 이 은혜 감격하여
주님께 더 많은 시간, 더 많은 물질과 봉사로
주님께 영광 돌리게 하여 주소서.

아버지 하나님! 오늘은 종려주일입니다.
이 고난 주간을 맞는 저희들에게

경건한 마음을 갖게 하여 주소서.
주님의 고난에 동참하게 하여 주시고
만 인류의 죄를 대속하기 위해
피땀 흘려 간절히 기도하시던
주님의 모습 닮는 저희들이 되게 하여 주소서.

쓰리고 아픈 십자가, 치욕스런 십자가의 고통,
주님 홀로 지시기에 괴로운 고난의 쓴 잔이었지만
아버지의 뜻이었기에
그대로 순종하신 주님 모습 닮게 하여 주소서.
십자가에 못 박는 자들의 죄를
용서해 달라고 간구하시던
주님 모습 닮게 하여 주소서.
십자가의 고통 후에 영광의 부활이 있고
십자가의 죽음 뒤에 영원한 생명이 있음을
믿게 하여 주소서.

주님의 제자 되어 십자가의 도를 따르는 저희에게
핍박과 세상의 유혹이 괴롭힐지라도
영원한 생명의 나라와 부활의 영광을 바라보고
오직 십자가의 길로만 매진하게 하여 주소서.

아버지 하나님!

준비 중에 있는 선교관 건축과

많은 선교 사업이 순적하게 이루어지게 하여 주소서.

해외 선교사 파송, 국내 각지에 개척 교회 건립,

본당을 21세기 복음의 중심 센터로 건립하려는 일 등

많은 일이 저희 앞에 놓여 있습니다.

이를 위해 서로 합심하여 기도하고

오직 주님의 소명을 다 하기 위해

전진만을 하게 하여 주소서.

오늘 드리는 모든 예배에

주님께서 함께하시며 한결같은 은혜 내려 주시고

이 성전이 주의 거룩함과

사랑의 향기로 가득하게 하여 주소서.

예수님의 이름으로 기도드립니다. 아멘.

2000 • 종려주일 대표기도

하나님은 저희의 외형을 보지 않으시고
진심을 보시는 분이심을 깨닫게 하소서.

이 나라를 구하는 길은 오직 한 길,
제 자신부터 회개하고 겸허한 자세로
주님께 고개 숙이는 길밖에 없음을 알고
이를 위해 기도합니다.

4부

저희들의 간구를
들어주소서

성전 건축 / 꿈과 비전을
짓고 싶습니다

아버지 하나님, 감사합니다.
고요한 미명 향긋한 새벽 공기 마시며
주의 전에 나아와 기도하게 하시니 감사합니다.
이 시간 저희들에게 큰 은혜 내려 주소서.
자비로운 주의 음성 듣게 하여 주시고
주의 사랑의 손길 느끼고 돌아가게 하여 주소서.

낮고 천한 인간의 몸을 입으시고,
치욕스럽고 고통스런 십자가를 지시며 베푸신 사랑
느끼고 돌아가게 하여 주소서.
저희들은 주의 사랑 보답하려고
주의 건축 새로이 시작하였고 기도하오니
저희들의 정성 받아 주시고
저희들의 기도 들어주소서.

거룩하게 짓고 싶습니다.

아름답게 짓고 싶습니다.
은혜롭게 짓고 싶습니다.
넉넉함 속에 짓고 싶습니다.
즐거움 속에 짓고 싶습니다.
축복의 교회 짓고 싶습니다.
능력의 교회 짓고 싶습니다.
저희들의 꿈과 비전을 짓고 싶습니다.
저희들의 간구를 들어주소서.

3천여 성도들 눈물의 기도 들어주소서.
새 이레 새벽기도회가 끝난 뒤에도
기도의 불이 꺼지지 않고
더 활활 타오르게 하여 주소서.
건축이 끝나는 날까지, 아니 끝난 뒤에도
기도가 이어지게 하여 주소서.

목사님의 말씀에 은혜가 넘치게 하여 주소서.
예수님의 이름으로 기도드립니다. 아멘.

2005. 03 • 새벽기도

30주년 기념 예배 / 지나간 30년,
그 크신 하나님의 은혜

참으로 좋으신 아버지 하나님!
주님의 크신 구원의 은총으로
면류관 씌워 주시니 참으로 감사합니다.
이 놀라운 주의 은총과 축복
기억하게 하여 주소서.

저희들의 마음속에
언제나 샘솟는 기쁨의 찬송이 있게 하시고
저희들의 가슴속에
언제나 뜨거운 감격의 기도가 있게 하소서.
이 시간 주님과의 영적인 만남으로
구원의 확신을 얻게 하시고
이 놀라운 구원의 역사를 세상에 전파하는 데
몸과 마음을 다 바치게 하여 주소서.

저희들에게 주어진 시간 중에

제일 귀한 시간 바쳐 봉사하게 하시고
저희들이 가진 물질 중에
가장 귀한 것 바쳐 섬기게 하여 주소서.
마음과 정성을 다하여 거룩한 산제사를 드림으로
주께 영광 돌리게 하여 주소서.

금년은 교회 개척 30주년이 되는 해입니다.
그동안 온갖 역경 속에서도
이렇게 성장시켜 주신 주의 은혜
참으로 감사드립니다.
교회의 권속들이 장년으로 성장한 긍지를 갖고
의무를 다할 수 있게 하여 주소서.
향후 30년은 지나간 30년보다
더욱 성숙하고 부흥하는
교회가 되게 하여 주소서.

저희 교회가 항존직을 선출하여
주님의 특별한 일꾼으로 세우려고 합니다.
교회가 발전하고 주께 영광 돌리는
귀한 행사가 되게 하여 주소서.
이러한 일로 시험에 드는 이가 없게 하소서.

선택되지 못한 이들에게는

여전히 그 자리에서 봉사하길 원하시는

주의 깊은 뜻과 사랑을 깨닫게 하여 주소서.

선택된 이들은 더 고된 사명을 요구하시는

주님의 뜻을 깨달아 이전보다 더 겸손히

골고다 언덕길을 묵묵히 참고 올라가는

굳은 각오와 결심을 하게 하소서.

교회의 직분에 차별성을 부여하거나

벼슬로 착각하는 이들이 한 사람도 없게 하여 주소서.

주의 제자가 되고 주의 직분을 맡는 것은

세상적인 영광이나 직위의 승격이 아니라

십자가를 거꾸로 지고 주님과 함께 못 박혀 죽는

고난의 길임을 깨닫게 하시고

이 고난의 언덕 뒤편에 찬란한 영광이 있음을

깨닫게 하여 주소서.

예수님 이름으로 기도드립니다. 아멘.

1996. 08. 25 • 2부예배 대표기도

명절에 가족과
화목하게 하여 주소서

참으로 좋으신 아버지 하나님, 감사합니다.
추석 긴 연휴를 맞아
즐거운 한 주를 보내게 해 주시니
감사하고 감사합니다.

이렇게 좋은 명절을 맞을 때마다
저희만 즐겁게 보내지 않고
이 기회를 통하여 가족과 친척들을
주님 전에 나오게 하는
전도의 기회가 되게 하여 주소서.

명절에 사랑하는 가족, 친척들과
멀어지지 않게 하시고
주님과도 멀어지지 않게 하소서.
또한 제사 문제로
가족과 불화가 일어나지 않게 하소서.

아직 교회에 다니지 않는 가족, 친척들이
조상에게 제사 드리는 것을 우상숭배로 정죄하오리까?
그들은 하나님을 알지 못하기 때문입니다.

내 사랑하는 부모, 조부모가 세상을 떠난
그 자리가 너무 보고 싶고 그리워서
그리 하는 것을 하나님 용서하시고 불쌍히 여겨 주옵소서.

저 세상에 간 분들에게
정성을 표하기 위해 음식을 차려놓고
사랑과 존경의 마음으로 절을 하는 것을
무당에게 복을 비는 것과 같이 취급하며
우상 숭배로 정죄하는 자들이
오히려 능력 있다 소문난 목사님과 권사님 찾아다니며
기도 받고 복 달라고 매달리는 우상숭배를 하고 있습니다.

하나님에 대해 무지한 마음에서 부모님과 조부모님에게
예의로 절하는 것을 우상숭배라며
사랑하는 부모 형제와 멀어지지 않게 하소서.

명절 전날 온 식구가 힘들게 음식 준비할 때

주일을 지킨다고 혼자 단장하고 교회 가서
밤늦게 돌아와서는 교회 가자고 권유하다가
온 가족에게 따돌림을 당하면
주를 위해 의를 위해 핍박받는 자는
복이 있다고 우겨대는
이러한 외식적인 모습을 뉘우칩니다.

주일 전에 미리 열심히 명절 음식을 준비하거나
주일 날 혼자 일찍 교회에 다녀와
온종일 기도하고 예배드리는 심정으로
밤늦게까지 제일 많이 일하며 섬기게 하여 주옵소서.
형편이 넉넉하지 못하면 헌금의 일부라도 떼어서
가족을 위해 많은 돈을 베풀고
온 가족과 친척들이 교회 다니는 사람이
제일 착하다는 칭송을 할 때
교회에 같이 가보자고 전도로 연결할 수 있다면
그것이 진정 주님을 위한 길임을 알게 하소서.

어찌 교회에서 온종일 시간을 보내는 것만이 주일 성수이며
교회에 바치는 것만이 주님께 드리는 것이겠습니까?
진정으로 주님을 사모하는 그 자리는

그곳이 어디든 주님께 예배하는 것이며

진심으로 주님을 위해서 물질을 사용한다면

그곳이 어디든 다 주님께 드리는 것임을 알게 하소서.

교회에 십일조 좀 덜 바친다고 능력의 주님께서

내 교회의 재정을 부족하게 하오리까?

저희 교회는 헌금을 강조하지 않아도 재정이 넘치며

많은 교회가 교회 건축 빚을 갚지 못해

경매에 나오고 교인 수가 줄어들고 있는

가슴 아픈 현실임에도

목사님 부임 이래 불과 5년 만에

교인 수는 3배 가까이 증가하였고,

부채를 벌써 모두 갚고 재정이 풍성한 교회가 되었습니다.

이러한 복을 주시고 지혜의 목사님을

저희 교회에 보내 주신 하나님께

감사하는 마음 갖게 하소서.

하나님은 저희의 외형을 보지 않으시고

진심을 보시는 분이심을 깨닫게 하소서.

예수님께서 안식일에 전도하러 다니실 때에

같이 다니던 제자들이 배가 고파서

남의 밀을 훔쳐 먹을 때

믿음이 좋기로 유명한 바리새인과 서기관들이

제자들이 어찌 안식일에 교회도 안 나오고

남의 밀을 훔쳐 먹느냐고 비웃고 책망할 때

도리어 믿음 좋다는 그들을

독사의 자식들이라 꾸짖으시고

내 제자들은 안식일에 남의 밀을 훔쳐 먹을망정

진심으로 하나님을 섬기며

순종하는 자들이라고 강조하셨습니다.

저희도 외식적인 모습이 아닌 순수하고 진실한 믿음을 갖고

주를 섬기며 교회를 섬기게 하소서.

주님! 목사님의 건강을 더욱 지켜 주시고

그리스도를 중심으로

서로 사랑하고 화합하며 굳게 뭉쳐서

문제 많은 이 나라 교회들을 치유하시고

저희 교회가 이 나라와 세계복음화를 주도하는

축복의 교회가 되게 하소서.

예수님의 이름으로 기도드립니다. 아멘.

왜 하필
선악과만 먹고 싶은지요

참으로 좋으신 아버지 하나님, 참으로 감사합니다.
한 주간 특별새벽기도 집회를 허락하셨으며
은혜의 바다 속에서 보내게 하시고
오늘은 이 아름다운 교회에서
이렇게 사랑이 넘치는 교인들과
훌륭하신 목사님의 은혜로운 말씀을 사모하며,
소리 높여 춤추고 노래하며,
나의 소원의 기도를 주님께 아뢰며,
다정한 주의 음성을 들으며,
즐거운 안식을 갖게 해 주시니
참으로 감사하고 감사합니다.

이 얼마나 크신 주의 축복이며,
이 얼마나 놀라운 주의 은혜입니까?
주의 전을 간절히 사모하면서도
나올 수 없는 성도들이 얼마나 많습니까?

그러나 저희들에게는 이렇게 나올 수 있는 건강과,
경제적 여유와 시간도 허락하여 주셨습니다.
그저 감사하며 감격할 뿐입니다.

깊이 생각해 보면 저희는 너무나 큰 축복을 받고 살며
너무나 행복한 삶을 누리고 있습니다.
그러나 이 성전 문을 나가는 순간
행복의 순간은 사라지고 세상의 염려와 근심으로
입가에 웃음을 잃고 살아가고 있습니다.

행복해야 할 것 같은데 남들만 행복해 보이고
정작 나 자신은 행복을 느낄 수 없습니다.
이것은 저희의 마음에 아담과 하와처럼
선악과를 따먹고 싶은 탐욕이 있기 때문입니다.
동산 안에 수많은 과일들이 있건만
왜 하필 선악과만 먹고 싶은지요.
수많은 대학들이 있건만
왜 꼭 그 대학이어야 하는지요.
수많은 회사 중에서, 수많은 직업 중에서
왜 하필 그것이어야만 하는지요.
수많은 사람 중에서

왜 하필 그 사람이어야 하는지요.

사랑이 많으신 주님,
저희에게 하나님께서 주시는 대로
감사히 받게 하시고,
하나님께서 주시는 것으로
만족을 느끼며 살아가는 순종의 믿음을 주시어
저희 모두 늘 행복한 삶을 누릴 수 있게 하소서.

또한 주님,
이 변화 많은 세상에서 살아가는 저희들
인간의 욕망을 다 버릴 수 없는 것도 현실이며,
그리고 인생의 바다에
고요함만 있는 것이 아닌 것도 현실입니다.
삶의 굽이굽이마다 세차게 밀려오는 수많은 역경들,
내 삶이 송두리째 무너져 버릴 것 같은
절망의 늪에서 좌절할 때도 있습니다.

아버지 하나님,
고통이 저희를 삼키기 직전에
저희가 생명을 걸고 간절히 기도하여

그 간절함이 절박하여
눈물이 가슴 속 깊이 맺힐 때에는,
얍복강 언덕에서 두려움과 외로움 속에서
생명을 걸고 기도했던 야곱의 기도를 들어주셨듯이
저희의 간절한 기도에도 동일하게 응답하여 주소서.

그래서 어떠한 역경 속에서도,
때로는 안개가 길을 가리고 믿음이 흔들릴 때도,
"지난날 나의 곤고한 날에 나의 간절한 기도
나의 구원의 하나님께서 들어주셨다"라고
간증하며 역경 속에서도 굳건히 믿음 지키는
축복의 시간이 되게 하소서.
예수님의 이름으로 기도 드립니다. 아멘.

2012. 02. 12

사나운 태풍 천둥 번개 속에도
주님의 은총이…

참으로 좋으신 아버지 하나님, 감사합니다.
사랑하는 가족들과 주의 전에 나와
주님의 뜨거운 사랑을 느낄 수 있게 해 주시니
감사하고 또 감사합니다.

주님 사랑이 어찌 그리 크며,
어찌 그리 경이로운지요.
무더위에 지칠까 시원한 장맛비를 주시고,
오랜 장맛비에 병들까 이글거리는 태양 볕을 주시고,
물이 부족할까 폭우를 쏟아부어 주시고,
바다가 썩을까 사나운 태풍을 주시고,
공기가 오염될까, 공기에 질소가 부족할까,
천둥 번개를 주시는 등
당신의 창조의 섭리는 어찌 그리 경이로운지요.
너무나 신묘막측하여 고개를 들 수가 없으며,
그저 감격할 뿐이며, 감사할 뿐입니다.

사랑의 주님,

저희 인간의 삶의 여정에도 폭우가 있습니다.

어느 날 갑자기 밀어닥친 슬픔의 눈물이

폭포수가 되어 저희의 가슴을 적시고, 또 적시어

전신을 적시는 폭풍우가 되어 흐릅니다.

삶의 순간순간마다 한 번씩 겪게 되는 실패와 좌절은

태풍보다 더 아픈 고통이 되며,

천둥 번개보다 더 무서운 공포가 되곤 합니다.

그러나 저희들은 압니다.

저희들은 믿습니다.

이 고통, 이 아픔 뒤엔 더 큰 주의 축복이 있으며,

더 아름다운 미래가 있음을 기대합니다.

그래서 저희는 어떤 시련 속에서도 견디며,

어떤 아픔 속에서도 웃으며,

내일에 대한 불안이 저희의 양 어깨를 짓누를 때도 있지만,

저희는 늘 소망의 찬송을 부르나이다.

이것이 믿음으로 사는 저희들의 축복이며,

이것이 주의 백성 된 저희들의 특권이기에,

저희는 늘 주께 감사하며 감격의 기도를 드립니다.

6월은 참으로 가슴 아픈 달입니다.

동족상잔의 비극적 전쟁의 잿더미 속에서

가족을 잃은 슬픔과 아픔,

굶주림과 질병의 고통,

잔인한 공산주의자들의 끝없는 도발과 투쟁,

상호간의 불신과 미움,

희망의 싹이라고는 찾아볼 수 없는,

이 지구상에 가장 비참했던 이 나라 이 백성….

그러나 주님의 축복이 임하여

세계가 부러워하는 경제 발전을 이룬 나라,

세계에서 두 번째로 선교사를 많이 보내는 축복의 나라,

한류가 세계로 전파되는 자랑스러운 나라가 되었습니다.

물론 지금도 이 나라엔 수많은 문제들이 있습니다.

1. 정치권의 끝없는 포퓰리즘 전쟁,

2. 점점 깊어만 가는 빈부격차의 문제,

3. 심화되는 자영업의 몰락,

4. 점점 심각해지는 재벌의 자본 집중화와 끝없는 탐욕.

이 모든 난제를

주님께서 반드시 해결해 주시어
내일의 대한민국은
오늘보다 더 찬란하리라는 소망을 품고,
더욱더 겸손히 무릎 꿇는
이 나라 이 백성이 되게 하여 주소서.

담임목사님에게 은혜와 능력의 말씀 전하게 하시고,
주님의 뜻을 바르게 전하게 하시고
그 말씀대로 실천하는 저희 교회,
주의 사명을 잘 감당하는 능력의 교회,
세계 선교에 앞장서는 축복의 교회가 되게 하여 주소서.
7월 초 떠나는 단기선교 활동에도
많은 교인들이 참석할 수 있게 하여 주소서.
예수님의 이름으로 기도 드립니다. 아멘.

2011. 06. 26

우리의 영혼이
병들지 않게 하소서

인간의 생사화복을 주관하시며

천지만물의 창조주 되신 만군의 주 여호와 하나님!

죄와 허물로 형벌을 받을 수밖에 없는 저희들

당신의 독생자의 피로 대속하여 주시고

당신의 거룩한 자녀로 삼아 주시고

영원한 나라의 거룩한 백성이 되게 해 주신

은혜에 감사드립니다.

아버지 하나님,

저희 가운데 인간의 의술로

치료가 불가능한 성도,

수술로 고생하는 성도,

질병에 시달리는 성도들의 고통에

함께 아파하며 당신께 구하오니

주님께서 임재하셔서

그 마음에 평화가 깃들게 하여 주시고

전능의 손으로 치유하여 주소서.

주님, 특별히 간구하오니
육신의 병으로 영혼이 병들지 않게 하여 주시고
하나님께 더욱 가까워지고
믿음이 성장하는 기회가 될 수 있게 하여 주소서.
저희 교회의 권속들 중에
시험에 든 성도가 없게 하여 주시고
시험으로 인하여 믿음이 단련되고
더 굳어지게 하여 주소서.

아버지 하나님, 간구하오니
저희 교회, 주님께 칭찬받고 축복받게 하여 주소서.
주님의 뜻으로 이 터에 주님의 성전을 세우시고
주님의 뜻에 따라
목사님을 저희 교회로 보내시어
주님의 예정된 사업을
감당할 수 있는 종으로 삼아 주셨습니다.
그에게 두신 당신의 능력의 지팡이가
떠나지 말게 하여 주소서.
말씀마다 은혜가 풍성히 내리게 하여 주시고

갈급한 심령들 위에 듬뿍 내릴 수 있는
신령한 생명의 양식이 되게 하여 주소서.

이 나라에도 수많은 사람들이
아버지 하나님을 모른 채
우상과 사탄을 찾아 헤매고 있나이다.
불쌍한 생명들을 구원할 수 있는
노아의 방주가 되게 하여 주소서.

아버지 하나님!
부흥의 불길이 붙게 하여
양적으로나 질적으로 발전되게 하여 주시고
성령의 불길로 뜨겁게 하여 주소서.
저희 교회 아직도 빈자리가 많습니다.
차고 넘치게 하여 주시고
더 큰 아름다운 주님의 성전을
건축할 수 있는 양적 부흥도 주시어
오직 그리스도의 참 사랑만 실천하며
참 진리만 전파하여
칭찬받는 주님의 몸 된 교회가 되게 하여 주소서.

아버지 하나님!
이 나라와 이 민족을 더욱 사랑하시어
동족 간에, 형제 간에, 사랑하는 친구 간에
총 뿌리를 맞대고 싸우는 비극적인 전쟁이
다시는 없게 하소서.

민주화로 가는 길목에 나라가 혼란스러우니
주님 함께하시어 유익하게 하여 주소서.
이 민족이 진정으로 축복받기 위해서는
형제 눈 속의 티를 보지 못하고
내 눈 속에 대들보를 꺼내는
지혜가 있어야 할 줄 믿습니다.

이 나라를 구하는 길은 오직 한 길,
제 자신부터 회개하고 겸허한 자세로
주님께 고개 숙이는 길밖에 없음을 알고
이를 위해 기도합니다.
이 교회에 속한 기관마다
주님께서 축복하여 주시고
예배 시종을 주님께 부탁드리며
예수님의 이름으로 기도드립니다. 아멘.

2001

저보다 나은 자를 위해
기도하게 하소서

인간을 사랑하시되

독생자 외아들을 십자가에 못 박으면서까지 사랑하시며

죄인들을 용서하시는 사랑의 주 여호와 아버지 하나님!

간절히 간구하오니

주님의 사랑을 받은 저희들이 받은 사랑을 실천하게 하시고

감사가 넘치게 하소서.

주님의 은총 속에서도 주님을 망각할 때가 많으며

주님의 축복 속에서도 감사할 줄 모르며

늘 주님께 불평하고 불만을 가지고 사는 불충한 저희들입니다.

아버지 하나님 용서하여 주시고

범사에 감사하게 하시고

이웃을 사랑하고 형제를 용서하는

그리스도의 성품을 닮게 하소서.

저보다 나은 자를 위해 기도할 수 있는 아량을 주시고

참 신앙인의 도리를 감당할 수 있게 하소서.
지나간 세월에 받은 크나큰 복을 기억하고
이웃의 고통과 아픔에 동참하는 저희들 되게 하소서.

재난을 당하여 집도 없이 엄동설한을 맞이해야 할
수많은 이웃이 있습니다.
이국땅에서 전쟁으로 전 재산을 잃고
홀몸으로 고국에 온 가엾은 쿠웨이트 교민과
갑작스런 사고로 남편을 잃고 아버지를 잃은
불우한 가정도 많습니다.
그들을 위해 나눌 수 있는 큰 사랑의 마음 가지게 하소서.
말로만 사랑을 외치지 말고 실천하게 하소서.
저희의 삶 자체가 사랑이고 기도이게 하소서.

아버지 하나님!
저희 교회 체육대회가 있는 날입니다.
모든 성도들이 기뻐하는 하루가 되게 하시고
주님과 사랑의 교제를 갖는 시간 되게 하소서.
이 행사를 통해 마음의 상처 받는 이가
한 사람도 없게 하시고
전 성도가 단합하여 주님께 영광 돌리는

기쁨의 잔치가 되게 하소서.
이를 위해 기쁨으로 봉사하는
많은 봉사자들의 수고에 주님께서 만 배로 갚아 주소서.
이 행사의 시종에 오직 주님의 영광만 나타나게 하시고
승부에 집착하지 않고
하나님께 영광 돌리는 참 뜻이 희석되지 않게 하소서.

아버지 하나님!
영육간의 건강을 항상 지켜 주소서.
당신의 종이 구상하고 있는 많은 사역이
주님의 뜻 안에서 계획대로 이루어지게 하시고
전 교우들이 당회장 목사님을 중심으로 단합하고
서로 사랑하고 위로받게 하소서.
저희 교회가 오직 주님의 사랑을 실천하는
모범적인 교회가 되게 하소서.
예수님의 이름으로 기도드립니다. 아멘.

2001

여의도순복음교회 영산성전 헌당 축복대성회에서 조용기 목사님과 함께

"여인이 어찌 그 젖 먹는 자식을 잊겠으며
자기 태에서 난 아들을 긍휼히 여기지 않겠느냐
그들은 혹시 잊을지라도 나는 너를 잊지 아니할 것이라"

(사 49:15)

5부

나의 간구를
들어주소서

국가조찬
기도회

아버지 하나님 감사합니다.
주님께 자유롭게 예배드릴 수 있음이
얼마나 큰 감사이오며,
목소리 높여 찬송할 수 있음이
얼마나 크신 주님의 은혜이온지요.

저 북한 땅의 폭정과 세습 통치의 장막을 거두어 주시고,
북한 주민도 저희와 똑같이 자유를 누리며
잘살 수 있는 그날이 속히 오게 하여 주소서.
공산주의의 종주국 소련과 중국의 바로 턱 밑에
강력한 반공국가로 세우시고,
세계가 주목하는 풍요로운 나라,
자랑스러운 민주국가를 만들어 주셨습니다.
이 크신 주님의 긍휼과
주님의 사랑에 감사하게 하여 주소서.

물론 이 땅에는

아직도 풀어야 할 난제들이 너무나 많습니다.

빈부의 격차, 재벌의 경제적 집중,

이로 인한 수많은 중소기업의 도산,

실업자의 증가, 청년 실업의 문제,

세월호 같은 수많은 희생자가 나온 가슴 아픈 사고들.

이로 인한 계층 간의 갈등과 미움, 불신과 부정.

아버지 하나님 우리의 지혜와 노력으로는

해결하기 힘든 문제가 너무나 많습니다.

오직 주님만이 해결할 수 있습니다.

저희들 불쌍히 여기시어 한 번 더 사랑을 베푸소서.

지나온 세월을 돌아보면

저희가 안고 있는 문제보다

더 크고 심각한 문제가 많았습니다.

그러나 주님께서 해결해 주시어

지구상에서 가장 가난했던 이 나라가

전쟁의 폐허를 딛고

오늘날 우리도 상상 할 수 없는

풍요로운 자유민주국가가 되었습니다.

오늘의 이 자랑스러운 대한민국을 만들어 주신 주님,

앞으로도 그 사랑 주시고

과거에 저희를 축복하신 주님,

미래 또한 축복하여 주시어

21세기에는 대한민국이 세계 역사를 주도하고

세계 복음을 주도하는

팍스 코리아나의 국가가 되게 하여 주소서.

예수님의 이름으로 기도드립니다. 아멘.

2014. 07. 20 • 국가조찬기도회 헌신예배(새에덴교회 저녁예배 기도)

기적의
새 길

참으로 좋으신 아버지 하나님, 참으로 감사합니다.
2012년을 은혜 속에 지낼 수 있게 해 주시고
2013년 새해 첫날부터 축복성회를 허락하시어
시간 시간마다 은혜 받게 하시고
오늘 새해 첫 주의 거룩한 날에
주의 뜻 사모하며, 기쁨의 찬송 드리며
간절한 서원의 기도드리게 해 주시니 참으로 감사합니다.
부족한 저희들 기도 외면치 마시고 주님 응답하시어
저희들이 원하는 새 길 열어 주시고
저희들이 바라는 강물을 주소서.

세계적 불황으로 많은 기업들이
쓰러지고 있는 이 불안한 시대에,
내 기업이 어떻게 될지 내 힘과 능력으로는
아무 예측도 할 수 없고
버틸 기력조차 없을지라도

주님께서 기적의 새 길 열어 주시면
불황 속에서 더욱 성장하리라는 믿음 갖고
힘차게 큰소리 외치며 나가게 하여 주소서.

구조조정의 칼바람 속에서
실직자의 신세가 되는 현실에서도
주님 새 길 여시면
오히려 승진하게 되리라는 믿음으로
행복을 누리는 저희들 되게 하여 주소서.

내가 원하는 대학에 가지 못했을지라도
그곳이 사막의 강물임을 깨달아
절망하지 않고 열심히 노력해 큰 인물이 되어
먼 훗날 위대하신 하나님의 섭리를 깨닫는
젊은이들 되게 하여 주소서.

내 병든 몸, 소생의 희망조차 없을지라도
그곳에 꿇어 엎드려 기도할 때 기적적으로 소생케 하소서.
또한 설령 그 병이 중하여 죽음의 문턱에 이르렀을 때라도
오히려 웃으며 죽음을 받아들일 수 있는
부활의 신앙을 가질 수 있게 하여 주소서.

이 세상은 잠시 지나가는 나그네 인생길,

짧고 짧은 그 길에 어찌 그리 고통이 많으며

어찌 그리 아픔이 많은지요?

하루도 근심이 없는 날이 없는데

왜 그리 인간적인 애착을 가지고 살아가는지요?

아버지 하나님,

새해에는 새 하늘과 새 땅을 바라보게 하여 주소서.

그곳에는 더 이상 괴로움과 죄가 없는 곳,

고통의 눈물도 없고, 죽음의 슬픔도 없고,

이별의 아픔도 없는 그곳.

마음 아프게 헤어졌던 그리운 사람들 다시 만나서

우리 주님과 함께 즐거운 찬송을 부르며

영원히 행복을 누릴 수 있는 그곳,

그 천국을 소망하며 살아가게 하여 주소서.

아버지 하나님, 금년은 많이 춥습니다.

이 추위에 얼어 죽고 굶어 죽는 이 없게

저희들이 보살피게 하여 주소서.

이 혹독한 겨울에 북한의 내 동포들은

또 얼마나 많이 굶어 죽고 얼어 죽는지요.

악하고 무능한 북한 지도자들을 하루 빨리 물리쳐 주시고,
하나님을 경외하는 능력의 지도자 세우시어
그들도 저희와 같이 풍요와 자유를 누릴 수 있게 하소서.

대한민국을 사랑해 주셔서 참으로 감사합니다.
지구상에서 가장 가난했던 이 나라,
주님의 복음의 씨가 뿌려지고 자라게 하시고,
훌륭한 지도자들 그 시대에 맞게 세우시어,
불과 60~70년 만에 무역 규모 세계 10위의 부강한 나라,
세계가 부러워하는 자유민주국가가 되었습니다.

이 나라가 통일한국이 되어
세계의 역사를 주도하고, 세계 평화를 주도하는
자랑스런 대한민국이 되기 위해
전 국민이 서로 화합하고 양보하며
권력을 가진 자가 더 겸손하게 낮추고
가진 자가 더 양보하여 모든 국민이 행복을 누리는
자랑스러운 영광의 나라가 되게 하소서.
예수님의 이름으로 기도드립니다. 아멘.

2013. 01. 06

가톨릭대학교 인터내셔널 허브 준공 및 축복식

하나님의
실체

참으로 좋으신 아버지 하나님,

이렇게 즐거이 노래하며,

은혜의 말씀 사모하며,

따뜻한 주의 사랑 느끼며,

다정한 주의 음성 들으며,

편안한 안식 누릴 수 있게 해 주시니

참으로 감사하고 감사합니다.

이 어지러운 세상, 이 괴로움 많은 세상,

그 어디에서 편안한 쉼을 얻으며

그 어디에서 참 행복의 순간을 갖겠습니까?

금년도 이미 반이 지나가고 있지만,

지나간 반년이나 남은 반년,

다시 맞을 새해에도 저희가 예상하는 것보다

불안의 요소들이 더 많습니다.

그리스 발 유럽의 경제위기가
세계 경제 대공황으로 이어지지 않을까,
전 세계가 불안해하고 있으며
국내 경제도 불황의 골이 점점 깊어져 가고,
청년실업은 심각한 도를 넘어 사회불안의 요인으로 증폭되며,
이념과 계층 간의 갈등은 서로 불신과 미움으로 번져가는 등
이 세상을 바라보면 불안과 근심뿐입니다.

많은 사람들이 불안을 견딜 수 없어서
사이비 종교에 빠져들고 있습니다.
그러나 이 세상에 많은 사이비 종교가
그들 사제들의 욕심을 채우기 위해
자신의 신을 공포와 무서움으로 묘사하여
돈과 시간을 바치고 또 바치게 만들어
결국 패망의 늪에 빠지게 하는 안타까운 현실을
저희들은 자주 보고 있습니다.

이 땅에 사이비 종교를 닮아가는 교회가
점점 많아지고 있습니다.
일부 교회 지도자들은 사적인 욕망을 채우기 위해
사랑이신 하나님의 실체를 감추고

하나님은 무서운 하나님,
징계하시는 하나님으로 강조합니다.
바쳐야 복을 받고, 바치지 않으면 벌을 받는다며
강압적 헌신과 바침만 강요하다 보니
교회에 와도 평안도 없고 위로도 없고,
기쁨도 없고 무거운 짐만 지게 되어
많은 사람들이 교회를 떠나고 있습니다.
이 땅의 기독교인들의 숫자가
점점 더 줄어들고 있는 것이 현실입니다.
오늘날 교회가 더 많이 반성하고 각성해서
떠났던 이들이 다시 돌아와
하나님의 사랑을 느끼고
위로 받는 이들이 늘어가게 하소서.

하나님께서는 말씀하셨습니다.
"여인이 어찌 그 젖 먹는 자식을 잊겠으며
자기 태에서 난 아들을 긍휼히 여기지 않겠느냐
그들은 혹시 잊을지라도 나는 너를 잊지 아니할 것이라"(사 49:15)
하나님의 사랑은 크고 커서
아버지를 배신하고 아버지 품을 떠난 탕자도
그 아버지는 자식이 돌아올 날만 애타게 기다리다 지쳐서 그의 두 눈에는 슬픔의 눈물로 얼굴을 적십니다.

어느 날 그 탕자가 돌아온 것을 발견하고는
맨발로 가시밭길을 마다하지 않고 달려가
품에 안아 주고 반기며 모든 것을 용서하고
아버지는 가진 모든 좋은 것으로 채워 주셨습니다.

이것이 죄 많은 저희들을 사랑하는 하나님의 마음입니다.
저희가 주님의 한량없는 사랑을 바로 알게 하시고
오늘날 많은 교회가
이 크신 하나님의 사랑을 바로 전파하여
교회에 오면 참된 평안과 쉼을 얻을 수 있게 회복시켜 주소서.

아버지 하나님, 이 시간 참으로 감사한 것은
부족하고 허물 많은 저희를
좋은 교회로 인도하시어
하나님이 참사랑의 주님임을 알게 하시고
그 사랑에 감격하여 감사의 눈물 흘리게 하시고
매시간 은혜와 위로를 받게 하시니 참으로 감사합니다.

오직 하나님의 사랑을 믿고 의지하여

저희를 에워싼 바깥의 환경이 어떠하든
굳건히 이겨 내어 승리의 삶을 살게 하소서.
이 축복 저희들만 누리지 말고
이 세상에서 방황하는 많은 사람들을 교회로 전도하여
이 나라 방방곡곡에 주님의 사랑과
은혜가 풍성한 교회가 가득하게 해 주소서.
그 물결이 흘러넘쳐 세계 곳곳에도
이러한 교회로 가득하게 하시고
온 인류가 참 평안과 자유로움을 누릴 수 있게 해 주소서.
그것을 위해 해외 선교에 더 많이 힘을 쓰고
선교사도 많이 파견하는 교회가 되게 하소서.

이번에는 해외 단기 선교에
많은 인원이 참가하고 많은 물품을 지원합니다.
이 계기로 저희 교회에 선교의 열정이 일어나게 하소서.
담임목사님의 해외 선교 비전의 꿈도 활짝 열리게 하소서.
이번 단기 선교를 위해 참여하는 많은 성도들,
특히 앞장서서 수고하는 많은 종들,
그들에게 능력과 지혜를 주시어 잘 감당하게 하시고
그들의 생업에도 축복하여 주소서.
예수님의 이름으로 기도 드립니다. 아멘.

2012. 06. 24

창조적 섭리

참으로 좋으신 아버지 하나님, 참으로 감사합니다.
곱게 물든 단풍잎 하나에도
주의 창조적 섭리를 깨닫게 하시고,
주의 크심과 저희의 연약함 깨닫게 해 주시어
주님만 의지할 수 있게 해 주시니 참으로 감사합니다.

가을은 참으로 좋은 계절입니다.
오곡백과로 풍성하게 하시고,
온 산하에 곱게 물든 단풍과 높고 푸른 하늘은
그 아름다움 자체로 찬란한 주님의 예술품입니다.
주의 솜씨 어찌 그리 경이로우며
주의 능력 어찌 그리 위대하신지요.

그러나 주님! 이 풍성하고 이 아름다운 계절에도
아침저녁 싸늘한 바람이 우리의 귓가를 스칠 땐
우리의 마음속에 표현할 수 없는 고독과 외로움과

슬픔의 눈물이 가슴 아프게 합니다.

그 어느 계절에도 아름다움과 고통이 있음을 고백합니다.

찬란한 봄꽃의 향기 중에 보릿고개가 있었고

아름다운 겨울의 설경 속에 춥고 배고픈 고통이 있었습니다.

북한의 동포들에게 눈 내리는 겨울은

추위와 굶주림으로 혹독한 고통의 계절이며

아픈 시련의 계절일 것입니다.

주님, 그들에게도 하루 속히 배불리 먹고

따뜻하게 잠들 수 있는 권리를 주소서.

다가오는 겨울은 더 춥다고 합니다.

그들을 불쌍히 여기시어

이번 겨울은 굶어 죽고 얼어 죽는 일이 없게 하소서.

그에 비하면 저희들은 너무나 행복합니다.

받은 축복이 많고도 많은데,

행복에 감사해야 할 기도가 많고도 많지만

저희들은 여전히 불행하고 고통만 느끼고 삽니다.

불과 50~60년 전인 저희의 어린 시절,

보릿고개가 있던 그 시절,

명절이 다가오면 먹고 싶은 것 실컷 먹을 수 있고,

새 옷과 새 양말을 신을 수 있는 기쁨에
너무 행복해서 잠을 잘 수가 없었습니다.
그렇게 어려운 시절에도 견뎌 내며
행복을 소망하며 열심히 살았습니다.
그런데 오늘날은 어떻게 하면 적게 먹고 살을 빼나
고민할 만큼 풍요롭고 잘 사는데도
자살하는 사람은 왜 이리 많으며
우울증 환자는 왜 이리 많은지요.

결코 인간의 노력으로 얻은 것들로는
행복할 수 없음을 우리는 알았나이다.
이 세상 그 어디에도 그 어느 것으로도
행복할 수 없음을 알았나이다.
오직 주님 안에서만 참 행복이 있음을 깨달았나이다.
이 귀한 진리가 이 나라 모든 백성
이 지구상 모든 인류에게 전해지게 하소서.
이 나라 교회가 이 나라 성도들이 이 사명을 감당하게 하소서.

그러나 아버지 하나님 이 나라의 많은 교회들이
주님의 사랑을 바로 전하지 못하여
교회에 나와도 목사님의 설교를 들어도

평안한 쉼을 얻기는커녕 무거운 율법의 짐만 지고
이중의 고통을 겪는 경우가 많습니다.
그래서 교회를 떠나는 인구가 점점 늘고 있습니다.

주님을 섬기는데 무슨 의무가 있겠습니까?
물질적 바침의 무거운 짐도,
율법적 충성의 무거운 짐도 주님은 원치 않으시며
오직 주께 가난한 심령으로 나오기만 하면
내 모든 짐, 내 모든 소원 다 들어주심을 믿게 하소서.
신앙생활을 통해 참 행복과 자유를 누릴 수 있게 하여 주소서.
저희들의 형편과 필요는 주님께서 다 아시며
주님의 방법대로 다 채워 주심을 믿게 하소서.

특별히 수능을 앞둔 수험생들
불안에 떨지 않게 하시고 초조해하지 않게 하소서.
오늘의 내가 원하는 것들이
내일에 가보면 다 보잘것없음을 깨닫게 하시고
어느 대학에 가든 모두가 주님 주시는 은혜임을 깨닫게 하시어
아멘으로 받아들이는 젊은이들 되게 하소서.
그리하여 이 젊은이들이 장차 이 나라를 구하고 인류를 구하는
위대한 인물이 되게 하여 주소서.

인도네시아에 집회를 인도하러 가신 목사님,

그곳에서 초대교회 성령의 불길이 일어나

우리 동포뿐만 아니라 이교도들까지 전도하는

기적의 역사가 일어나게 하소서.

예수님의 이름으로 기도드립니다. 아멘.

2012. 11. 04

형통한 삶

참으로 좋으신 아버지 하나님, 참으로 감사합니다.

2월의 마지막 주의 거룩한 날,

촉촉한 봄비의 향긋한 정취를 느끼며

가족들과 손에 손잡고 주의 전에 나와

세상의 온갖 시름 잊고

기쁨으로 찬양하며 말씀 들으며

예배드릴 수 있게 해 주시니

참으로 감사하고 감사합니다.

지난 주간, 특별새벽집회를 허락하여 주시고

주님께서 주신 형통의 축복을

누릴 수 있게 해 주시어 감사합니다.

저희 교회의 성도들은

다 형통하게 살고 있음을 깨달았고

주께 구한 모든 간구가 응답받아

행복한 삶을 누리게 되어

뜨거운 감사의 기도를 드립니다.

형통한 삶이란 참으로 누리기 어려운 삶입니다.
가족처럼 사랑하며 돌보던 가축을
구제역으로 묻어야 하는 목자들에게
형통이 있겠습니까?
재스민 혁명이라 불리는 중동아프리카의 시민혁명으로
엉뚱하게 고유가와 고물가 현상이 일어나
제2의 오일 쇼크가 아닌지,
제2의 IMF가 오는 것이 아닌지,
우리나라의 수많은 기업들이
불안과 공포에 휩싸여 있는 이 시점에
형통이 있겠습니까?

저희들이 지나온 발자국 속에서
형통한 날이 며칠이나 있었는지
대한민국 60여 년 역사에서
형통한 시기가 얼마나 있었는지
기억조차 하지 못하는 것이 저희들입니다.
수많은 축복을 받고 또 받았는데도
저희는 형통을 느낀 적이 별로 없습니다.

불과 50~60년 전만 하더라도
저희들은 구제역으로 가축을 묻은 것이 아닌
무서운 전염병으로 떼죽음을 당한 사람을 묻었습니다.
천연두, 콜레라 등으로 사랑하는 가족들이
맥없이 죽어가는 광경을 속절없는 눈물로 바라보며
가슴속에 묻은 그 비참한 세월들,
사랑하는 자식들이 배고파 울어도 채워 주지 못하고
피눈물로 바라보던 부모들이 견딘 비극적인 세월들….

그러나 하나님의 축복이 이 나라에 임하여
불과 단기간에 세계 무역 7위의 선진 대국,
세계가 부러워하는 잘사는 나라가 되었습니다.
그러나 저희는 형통하게 느낀 적이 별로 없고
여전히 불안하고 궁핍하여
상호간의 갈등과 미움만 증폭되어
여전히 불행하게 살고 있습니다.

이 세상의 어느 것도 저희를 형통하게 할 수 없고
오직 주의 은혜만이 형통하게 할 수 있음을
비로소 깨달았습니다.
이 놀라운 주의 은혜와 주의 사랑에 감사하며 감격할 뿐입니다.

이 믿음과 은혜 굳게 잡고 어떤 풍랑에도 흔들리지 않고
행복하게 살아가게 하소서.
이 행복의 비밀을 저희만 알고 누리지 않게 하시고
내 친척, 내 이웃과 열방에게
전파할 수 있는 선교 사명을 감당할 수 있게 하소서.

담임목사님께서 금년에는 아프리카까지
선교 영역을 넓혀 선교의 역군이 되게 하시고
우리 교회가 목사님을 중심으로 세계복음화의
선봉장이 되게 하여 주소서.

오늘 장학 주일에 장학금을 받는 학생들 중에서
훌륭한 선교적 역군이 많이 배출되게 하시어
세계에서 해외 선교사를 가장 많이 파견할 수 있는
축복의 교회와 축복의 성도가 되게 하여 주소서.
주의 종 목사님께서
은혜의 신령한 비밀을 저희들에게 전해 주실 때
그 말씀 붙잡고 이 험한 세파 속에
굳건히 살아갈 수 있게 하소서.
주님의 이름으로 기도 드립니다. 아멘.

2011. 02. 27

지친 영혼

참으로 좋으신 아버지 하나님, 참으로 감사합니다.

부족하고 허물 많은 저희를 주의 자녀 삼아 주시고,

은혜와 축복의 안식일을 주시어

오늘도 이렇게 편안한 쉼을 얻을 수 있게 하시니

참으로 감사합니다.

이 시간 저희들 마음껏 노래하며,

주님의 사랑을 느끼며,

위로의 말씀 들으며,

세상의 모든 근심과 걱정 다 잊고

온전히 주님과 함께 기뻐하는 시간,

은혜의 시간을 보낼 수 있게 해 주소서.

저희의 지친 영혼이 새로워지고,

연약해진 육신이 새 힘을 받아

독수리 날개 쳐 올라가듯 강건하게 하소서.

어떠한 환경에서도 좌절하지 않고 도전하여
영적, 육적 싸움에서 늘 승리하는 저희들 되게 하여 주소서.

참으로 불안한 시대에 살고 있는 저희들입니다.
도무지 내일 일을 알 수 없는 시대에 살고 있습니다.
자고 일어나면 새로운 세상으로 변해 있는 세대입니다.
스티브 잡스라는 사람이
하루아침에 모든 경쟁사를 이기고
세상에서 제일 유명한 부자가 되는 듯싶더니,
하루아침에 세상을 떠났습니다.
또 누가 나타나서 무슨 변화를 일으킬지,
이역만리 먼 나라의 변화가
바로 나의 삶에 변화를 일으키고,
이역만리 먼 그리스의 금융위기가
이 땅의 금융 위기로 연결되는,
내 자신의 운명을 내가 결정하거나 예측할 수 없는
다변화의 시대에 살고 있습니다.

그러나 저희들은 압니다.
그 모든 것, 그 어떤 변화도 하나님이 결정하는 것이며
어떠한 환난 속에서도

제 운명은 하나님이 결정하는 것임을 압니다.
그래서 우리는 어떠한 변화 속에서도
모든 걸 하나님께 맡기고 편히 안식하며 평화를 누립니다.
이 평화를 주신 주님께 늘 감사하게 하소서.
어떤 변화 속에서도 사업을 지켜 주시고,
건강을 지켜 주시고, 자녀를 지켜 주시고,
직장을 지켜 주시고, 몸과 마음까지 다 지켜 주소서.

수능시험을 앞둔 자녀들을 기억해 주소서.
주님이 굳게 잡아 주시고 마음에 안정을 주소서.
저들의 앞길이 주님 뜻에 있음을 명심하고
편히 시험을 치르고 결과를 주께 맡기게 하소서.
좋은 길로 인도하실 주님을 바라보고
매일매일 최선을 다하게 하소서.
또한 대학 졸업을 앞둔 자녀들이 각자 원하는 직장을
구하게 하시고 그곳에서 최선을 다해 승리하게 하소서.
이 나라 수많은 젊은이들이 직장이 없어 방황하고 있습니다.
그들에게 희망을 품고 열심히 일할 수 있는
좋은 직장을 허락하여 주소서.

목사님을 중심으로 굳게 뭉쳐

저희 교회가 21세기 세계복음을 선도하는
방주의 역할을 하게 하소서.
주님의 축복을 받은 저희들,
오직 주를 위해 할 일은 전도임을 깨닫고
열심히 전도에 힘쓰게 하소서.
예수님 이름으로 기도드립니다. 아멘.

2011. 10

북한
동포

참으로 좋으신 아버지 하나님, 감사합니다.
유난히도 길고 무더웠던 지난여름
태풍과 폭우 속에서도 건강을 지켜 주시고
저희들 생명을 안전하게 보호하시어
이렇게 찬란하고 아름다운 가을을
맞이할 수 있게 해 주시니 참으로 감사합니다.
저희의 마음에 진정한 감사가 넘치게 하소서.

높고 푸른 아름다운 하늘,
곱게 물든 설악산의 단풍은
아름답다 못해 황홀하며
오곡백과의 황금 들녘으로
풍요로움이 넘치는 축복의 계절입니다.

지루한 무더위와 폭우 속에서는
상상할 수 없는 일이었지만

하나님의 창조적 섭리의 때가 이르매
이렇게 가을이 오듯이,
삶의 여정에서 시련의 늪에 빠져 있을 때는
행복의 계절이 다시 올 수 없을 것 같지만
하나님의 때가 오면
고통과 시련은 흔적조차 없이 사라지고
행복의 순간이 찾아옴을 굳게 믿고 있습니다.
어떠한 고통의 날에도
주님을 굳게 믿고 견딜 수 있게 하여 주소서.

주님, 인간의 삶은
고통의 끝이 언제일지 예측하기조차 힘들고
오히려 끝없이 고통이 깊어만 갈 때면,
연약한 저희의 마음 더욱 약해져
낙심하고 절망하고 좌절에 빠져 허우적대다가
끝내는 하나님을 원망하고 떠나버리는
한없이 약한 인간의 모습입니다.

상한 갈대보다 더 약한 저희의 가엾은 영혼,
상한 갈대를 꺾지 않으시며
꺼져가는 등불을 끄지 않으시는 주님,

약한 저희를 절망 가운데 버려두지 마시고

주님 친히 찾아오셔서 믿음의 확신과 용기와 힘을 주소서.

육신의 병이 너무 심하여 괴롭고 지쳐서

더 이상 주께 간구하기도 힘든

절망의 상태에 놓여있는 성도들

주님이 친히 찾아가셔서 위로하시고 고쳐 주소서.

또한 하는 일마다 실패를 거듭하여

더 이상 살아갈 용기조차 없이

죽음만이 유일한 희망이라 생각하는

가엾은 영혼들에게 주님이 친히 응답하시어 구원하여 주시고

용기와 굳센 믿음으로 살아가게 하소서.

시련과 고통의 기간을 저희 믿음의 분량대로 주셔서

고난을 극복하게 하시고

나의 곤고한 날에 주께 간구하였더니,

나의 주가 친히 들어주셨다고

간증하며 살아가는 복 된 성도들 되게 하소서.

사랑의 주님!

아픔도 배고픔도 추운 겨울의 고통도 느낄 수 없고
희망은커녕 절망도 할 수 없는
산송장처럼 살아가는 수많은 북한 동포들,
3대 세습의 광기 어린 쇼를
저항과 분노도 느낄 수 없이
그저 좌절만하고 있는 불쌍한 내 동포들,
주님이 친히 찾아가셔서 그들에게
인간답게 살 수 있는 기회를 주소서.

얼마나 더 인내해야 합니까?
그들도 3대 세습 우상화에만 열을 올리는
광기의 지도자가 아닌,
국민을 위해 일하는 선한 지도자를 만나
열심히 일하고 풍족하게 먹으며
우리처럼 행복, 고통, 자유를 느끼며 살아가는
평범한 인간으로 자유롭게 살아가게 하소서.
그날이 속히 오게 하소서.

이 예배를 드리는 저희에게 은혜와 평강이 넘치게 하시어
이 세상 살아가는 동안 주님의 향기가 베어나오도록 인도하소서.
예수님 이름으로 기도드립니다. 아멘.

2010 • 가을

청년부

참으로 좋으신 아버지 하나님!
새해 첫 주의 거룩한 날에
티 없이 맑은 하늘의 눈부신 햇살을 받으며
아름다운 주의 전에서
주님과 대화하며 찬송과 경배 드리니
감사하고 감사합니다.

이 자리에 모인 주의 백성들,
특히 젊은 청년들에게
은혜로 충만케 해 주시고 축복으로 채워 주소서.
세계를 휩쓸고 있는 불황의 파도 속에서도
주님 품안에서 평안히 누우며
주님 능력에 편히 안길 수 있게 하여 주소서.

주님 귀히 쓰시는 능력의 종인
담임목사님을 보내 주시어 감사드립니다.

그동안 존경받는 훌륭한 목사님 곁에서

귀하게 훈련시켜 주셔서 감사합니다.

주님, 미리 예비하시고 보내 주셨으니

크신 능력 나타내게 하여 주소서.

젊은 청년들에게 특별한 은사를 내려 주시어

그들이 갈망하는 소원이 이루어지게 하소서.

그간 청년부가 겪은 시련과 상처가

목사님 부임을 계기로

말씀 안에서 화합하고 사랑하며 굳게 뭉쳐

모든 상처를 잊고 크게 부흥 성장하는 계기가 되게 하소서.

방향을 잃고 방황하는 많은 젊은이들이

구름떼처럼 모여들게 하시고

이 나라 복음화의 주역뿐 아니라 세계 복음화의 주역이 되게 하소서.

사회 각 분야의 리더들이

이 교회 청년부 출신 중에 배출되게 하시어

젊은 시절 소중한 시간을 아끼고

열심히 노력해 기초가 튼튼한

능력 있는 젊은이들이 되게 하소서.

생존경쟁에서 능력이 모자라 패배하는 일이 없게 하시어

교회 안에서 사소한 것으로 경쟁하고,
상처를 주고받으며 시간을 낭비하는 일이 없게 하소서.

교회에서는 모든 것을 양보하는
가슴이 넓은 청년들이 되게 하소서.
교회에서는 어리석은 바보, 사회에서는 냉철한 승리자자 되어
교회에서 크고 작은 사역에 열심히 헌신하고
세상에 나가 돈도 많이 벌어 물질로도 봉사하며
세상 직위로도 봉사하는
균형 잡힌 능력 있는 주의 종들이 되게 하소서.
주님께 충성한 귀한 아들딸들이오니 세상 유혹에 빠지지 않고
그들의 앞길에 축복과 승리가 있게 하소서.
목사님의 말씀으로 한없는 은혜와 위로를 받게 하시고
모두의 찬양으로 주님 큰 영광 받아 주옵소서.
예수님의 이름으로 기도드립니다. 아멘.

2009. 01. 04

주님
은혜

"나의 사랑, 내 어여쁜 자야 일어나서 함께 가자

겨울도 지나고 비도 그쳤고

지면에는 꽃이 피고 새가 노래할 때가 이르렀는데

비둘기의 소리가 우리 땅에 들리는구나

무화과나무에는 푸른 열매가 익었고

포도나무는 꽃을 피워 향기를 토하는구나

나의 사랑, 나의 어여쁜 자야 일어나서 함께 가자" (아 2:10)

다정하게 들려주시는 주의 음성 들으며

한 손에는 주의 손잡고

다른 손에는 사랑하는 가족들의 손잡고

주의 전에 나왔습니다.

주의 말씀을 사모하고 감사하며

입가에 웃음 가득 머금고 나왔습니다.

은혜의 말씀으로 채워 주실 것을 믿으며

설레는 가슴으로 나왔습니다.

주님께서 보내 주신 목사님,

시간 시간마다 은혜가 넘치게 하시니,

저희의 마음 너무 기쁩니다. 너무 좋습니다.

춤추고 싶습니다. 가슴 벅차 눈물이 납니다.

이렇게 아름다운 교회와

이렇게 은혜로운 말씀을 주셔서 감사합니다.

주님의 은혜와 주님의 보호가 없었다면

저희들의 생각에만 사로잡혀

서로 불신하다가 주님의 은혜를 놓쳤을 것입니다.

그러나 주의 은혜 임하시어

저희의 모든 생각과 고집을 접게 하시고

주님 뜻에 순응하므로

이렇게 서로 화합하고 사랑하며

은혜의 바다에서 춤추고 노래하니

한없이 행복합니다.

"주 여호와여 나는 누구이오며 내 집은 무엇이기에

나를 여기까지 이르게 하셨나이까

주의 뜻대로 이 모든 큰일을 행하사

주의 종에게 알게 하셨나이다

이제 청하건대 종의 집에 복을 주사

주 앞에 영원히 있게 하옵소서

주 여호와께서 말씀하셨사오니

주의 종의 집이 영원히 복을 받게 하옵소서"

사무엘하 7장의 다윗의 기도가

오늘 저희의 기도가 되었으니

다윗을 사랑하신 주님,

다윗에게 복을 부어 주신 것처럼

저희 교회의 모든 성도에게 복을 주시되

그 복이 대대로 이어지게 하소서.

이 세상 살아가는 동안 저희에게는

참으로 필요한 것도 많았습니다.

주님, 늘 채워 주소서.

세계를 휩쓸고 있는 경제 불황이

저희에게도 시련으로 다가와

너무나 힘들고 불안합니다.

그러나 다윗에게 주신 믿음대로 저희도

주변을 에워싸고 있는

어려운 환경을 보지 않게 하시고

늘 주님만 바라보고 믿고 의지하여

저희 모두가 승리자가 되게 하소서.

특별히 당회장 목사님께
다윗의 능력과 솔로몬의 지혜를 합친 것보다
더 큰 능력과 지혜를 주시어
이 교회를 세계 복음의 중심이 되게 하소서.

오늘은 청년부 총동원 주일입니다.
주의 전에 청년들로 차고 넘치게 하시고
이들에게 전도의 불이 붙어 방황하는 이 나라 젊은이들이
이 교회로 모이게 하시어
구원 받고, 큰 은혜 받아 변화되어서
큰 일꾼이 되는 축복의 청년들이 되게 하소서.

오늘도 목사님의 말씀으로
은혜와 감격이 넘치고 새 힘 받아
힘든 세상 살아가는 데 큰 힘이 되어
늘 승리하는 저희가 되게 하소서.
저희 모두의 찬양으로 주님 영광 받아 주소서.
예수님의 이름으로 기도드립니다. 아멘.

2009. 03. 29

새벽
기도

참으로 좋으신 아버지 하나님!
이 아침도 성전 가득히 성도들 모이게 하시고
은혜의 시간되게 하시니 참으로 감사합니다.

죄와 허물로 상처 입은 추한 모습 그대로 나왔으니
주님 받아 주시고 위로해 주시고
상처를 어루만져 주시고 흐르는 눈물 닦아 주소서.
저희 모두 간절한 소원을 갖고 나왔으니
주님, 저희 간구에 귀 기울이시고 응답하여 주소서.

병마로 고생하는 성도들
주님 친히 능력의 손길 펴시어 깨끗이 낫게 하소서.
경제적 어려움에 처한 성도들
그 어떤 어려움도 깨끗이 해결되게 하소서.
자녀의 문제로 고민하는 성도들
주님 친히 회복시키시고 해결하여 주소서.

시험 성적이 오르지 않아 고민하는 수험생들이
그동안 갈고 닦은 실력을 잘 발휘하여
좋은 열매를 맺도록 이끌어 주소서.
혹여 바라던 바를 이루지 못하더라도
절망하거나 상심하지 않게 도와주소서.
어려운 고비를 넘어가는
아이들을 축복하시고
장차 더 크게 쓰시려는 주님의 뜻을
발견할 수 있게 하소서.
이별의 슬픔으로 눈물 흘리는 가정들을
주님 친히 위로하시고 그 눈물 닦으시어
슬픔이 변하여 기쁨이 되게 하소서.

이 새벽에 드리는 저희의 서원 기도
주님 모두 들어주소서.
그러나 기도의 응답이 더딜지라도
결코 실망하거나 절망하지 않고
거기에도 주의 선한 뜻이 있음을
깨닫게 하여 주소서.

높은 산 너머에 더 높은 산이 있듯이

오늘 저희의 기도가 다 이루어져

말할 수 없는 행복한 순간이 온다 해도

내일은 또 더 큰 문제로

울부짖어야 하는 것이 저희의 삶입니다.

앞에 놓인 현실에

늘 감사할 수 있는 믿음을 주소서.

남들은 잘되고 행복한 것 같고

저만 불행한 것 같으나

이 세상 그 누구도

행복한 순간은 오래가지 못합니다.

저희의 진정한 행복은

오직 주님 은혜의 품에서만 느낄 수 있습니다.

주님만이 저의 행복임을 깨닫게 하여 주시고

언제 어떠한 환경 속에서도

감사의 찬송을 부를 수 있게 하여 주소서.

새로운 교회를 허락하심도 감사드리고

구석구석 빈자리를 보고도

소망할 수 있게 하시니 감사합니다.

빈자리를 채우게 하시려는

하나님의 섭리를 믿고 기대합니다.

성전 건축에 저희의 땀과 정성을 드렸듯이

전도 사역에도 땀 흘려 애쓰는 저희가 되게 하여 주소서.

예수님의 이름으로 기도드립니다. 아멘.

2007. 10. 11 • 새벽기도

명성교회 입당예배

뒤돌아본 1년

참으로 좋으신 아버지 하나님!
2007년도 주님의 은총으로 지켜 주셨기에
기쁨과 감사의 마음으로
올해 마지막 섣달을 맞이했습니다.

뒤돌아본 1년,
저희는 죄에 젖어 살았고 주님께 불충했지만
주님은 죄와 허물을 멀리 사라지게 해 주시고
용서와 사랑, 은혜와 축복으로 채워 주셨습니다.
저희의 건강, 생업 그리고
살아가는 데 소요되는 모든 것들을
주님이 미리 아시고 다 채워 주셨습니다.
특별히 기도하고 간구했던 아름다운 교회 공간도
허락해 주셨습니다.
지난날의 축복들이
주님의 사랑 없이 어찌 가능했겠으며

주님의 은혜 없이 어찌 누릴 수 있겠습니까?
주님의 은혜에 감사하며 감격할 뿐입니다.

밝아오는 새해에는
더 크신 축복으로 채워 주시고
더 크신 은혜로 지켜 주소서.
유리그릇처럼 깨어지기 쉬운 약한 저희들이기에
지금껏 수많은 고통과 고난 중에서 지켜 주셨습니다.
저희들은 늘 걱정하고 불안해하며 근심에 젖어
행복을 잊고 살 때가 많습니다.

어느 날 갑자기 사랑하는 사람이
곁을 떠나면 어떡할까?
내가 죽으면 남은 가족은 어떻게 될까?
내 사업이 잘못되면 어떻게 될까?
직장을 잃으면 무엇을 할까?
자녀들이 원하는 대학에 가지 못해
절망하면 어떻게 할까?
취업을 못하면 어떻게 할까?
다시 IMF가 오면 어떻게 할까?
교회가 안고 있는 저 많은 부채는 어떻게 할까?

매년 원리금을 상환하지 못하면 우리 교회는 어떻게 되나?
끝없는 불안과 고통이 저희의 마음을 짓누르고 있습니다.

주의 은혜 없이 저희의 힘으로
어찌 이 많은 고통을 해결하겠습니까?
하오나 주의 은혜가 임하면
저희가 염려했던 모든 것들이
부끄럽고 부질없었다는 것을 깨닫게 되고
주님이 채워 주시리라 믿을 수 있습니다.
새해에는 모든 권속들에게
더 큰 은혜 주시고 더 큰 믿음 주시어
더 크게 채워 주소서.

2008년에는 모든 성도들이
행복한 삶을 누릴 수 있는 복 된 한 해로 인도하소서.
목사님의 여생 또한 행복이 가득한 삶이 되게 하시고
풍성한 하루하루가 되게 하여 주소서.
예수님의 이름으로 기도드립니다. 아멘.

2007. 12

작은
정성

참으로 좋으신 아버지 하나님!
2005년이 채 익숙하기도 전에
2006년 새해를 맞이했습니다.
살같이 빠르게 세월이 흐르고
모든 것이 빠르게 변하여
정신을 차릴 수 없는 어지러운 세상이지만
주께서 굳게 붙잡아 주시고 보호해 주시어
은혜의 삶을 살게 해 주시니 참으로 감사합니다.

지난해는 새 성전 건축에 봉사하는
축복을 주시어 참으로 감사합니다.
정성을 바쳐 성전 건축에 봉사하는 성도들에게
새해에는 복에 복을 더하여 주소서.
사업을 펼쳐 놓은 이들에겐
더욱 번창케 하여 주시고
일터에서는 더 발전하고 승진하며

퇴출되는 이 한 사람도 없게 하소서.

건강을 원하는 성도들의 오랜 질병을 고쳐 주소서.
주의 섭리로 죽음에 이른 병일지라도
성전 건축에 전력한 전심을 보시고
히스기야 왕에게 주셨던 기적으로 고쳐 주소서.

새해에 저희 교회의 성도들에겐
애절한 죽음으로 인한 통곡이 없게 하여 주소서.
서원의 기도가 지나친 욕심으로 가득 차 있고
허물과 죄과가 너무 커 도저히 열람하기 어려워도
오직 주의 성전건축에 전심한 저희의 작은 정성으로
모든 것 덮어 주시고 꼭 이루어 주소서.
저희 교회의 모든 성도에게
은총의 한 해가 되게 하여 주소서.

담임목사님께 능력과 건강과 지혜를 주소서.
새해부터 하나님께는 더 큰 영광
성도들에게는 더 큰 은혜
전도의 더 큰 역사를 이루기 위해 주님께 간구하고
모든 노력을 기울이고 있사오니

주님 지혜 주시고 길을 열어 주소서.

목사님의 말씀에 성령의 역사가 일어나
3,000명 이상이 회개하고 앉은뱅이가 일어서는
초대교회의 기적이 일어나게 하소서.
새 성전이 비좁아 다시 건축을 구상해야 하는
기적이 일어나게 하여 주소서.

성가대 찬양, 신령한 은혜로 부르게 하시고
가슴 속에서 우러나오는 간구의 기도가 되게 하시어
2006년 새해에는 은혜가 넘치며 감사가 넘치며
기쁨이 넘치는 축복의 교회가 되게 하여 주소서.
예수님의 이름으로 기도드립니다. 아멘.

2006. 01

험한 세파 속에서
보호하시고

참으로 좋으신 아버지 하나님!
지난 한 주간도
험한 세파 속에서 보호하시고
주님의 거룩한 전에 나와서
찬송과 기도로 경배드릴 수 있게 해 주시니
참으로 감사합니다.

이 시간 저희들이 드리는 예배를 통하여
주님 영광 받아주시고
저희에게도 은혜 넘치는 시간 되게 하여 주소서.
주님의 은혜 없이는
잠시도 살아갈 수 없는 연약한 저희들,
쉼 없이 밀려드는 인생의 파도를
저희의 힘으로 어찌 견딜 수 있겠습니까.
주의 은혜 없이 고통 속에서
어찌 소망의 기도를 드릴 수 있으며

억울한 도산과 퇴출의 아픔 앞에서
어찌 감사의 찬송을 할 수 있겠습니까.
골수를 찌르는 육신의 질병 가운데
어찌 기쁨의 찬송을 부를 수 있으며
죽음의 문턱에서 어찌 미소를 지을 수 있겠습니까.
주의 은혜만이 버림받은 자들이 억울함과 원망 중에도
믿음을 지킬 수 있으며
주의 놀라운 은혜만이 영원한 그 나라 이를 때까지
저희가 요동치 않을 수 있습니다.

새 성전이 웅장하고 아름답게
완성되어 가게 하시니 감사드립니다.
이 또한 주의 은혜가 임하시어
경제적으로 넉넉하지 못해도
성전 건축에는 힘써 바칠 뿐 아니라
몸과 마음 다 바쳐 봉사하고
기도하는 교회 권속들의 정성의 결정체이오니
주님, 이 교회를 통하여 큰 역사 이루어 주소서.
또한 헌신한 모든 성도들에게는
한없는 복으로 채워 주시되
후손들까지 그 복이 이어지게 하여 주소서.

하나님 아버지!

담임목사님께 영육간 강건함을 주시고

전하는 말씀을 통하여

은혜 넘치는 시간이 되게 하여 주소서.

새 성전 건축과 입당 후에

교회가 해야 할 일이 참으로 많사오니

목사님께 능력과 지혜를 주시어 잘 감당하게 하여 주소서.

이 예배를 위하여 수고하는 손길들

주님 축복하여 주시고

이 거룩한 전에서 오늘 드리는 모든 예배에

은혜가 넘치게 하여 주소서.

예수님의 이름으로 기도드립니다. 아멘.

2006. 04. 30 • 1부예배 대표기도

목사님과
성전 건축을 위해

참으로 좋으신 아버지 하나님!
2006년 절반의 시간이 흘렀습니다.
맥추감사절을 맞아 돌이켜본 지난 반년,
저희에게는 슬픔, 절망과 좌절도 있었고,
또한 이별의 아픔도 있었지만,
고통도 삶의 한 부분이라 생각할 때
겸손해지는 은혜가 있음을 고백합니다.
지난 6개월도 은혜의 삶을 누렸음에
하나님께 다시 한 번 깊은 감사와 찬송을 드립니다.

금년은 새 성전 건축이
은혜롭게 완공되어 가는 모습에
또한 감사를 드립니다.
전 성도들이 전심으로, 사모하는 마음으로
정성을 다하오니 주님 기뻐 받아 주소서.

아무리 아름답고 웅장한 건축물일지라도

정성이 들어가지 않으면

주께서 외면하심을 알고,

저희들은 주님을 사모하는 전심으로

건축하오니 저희의 정성을 받아 주소서.

일찍이 다윗에게는

성전 건축을 사모하는 진실한 마음이 있었기에

하나님께서 그의 마음을 보시고 축복해 주셨고,

"내 종 다윗에게 맹세하기를

내가 네 자손을 영원히 견고히 하며

네 왕위를 대대에 세우리라 하셨나이다"(시 89:3~4)라고 하셨듯이

저희들 사모하는 마음으로 건축하고 있사오니

다윗을 축복하신 것처럼 많은 것으로 채워 주소서.

차고 넘치게 채우시어

사모하는 진심 가지고 성전 건축을 한 성도들이

하나님이 크게 축복하심을 간증하게 하여 주소서.

앞장서서 지휘하시는 담임목사님께

건강과 능력과 축복으로 채워 주소서.

많은 교회를 건축하시고

엄청난 괴로움을 경험하여

새 성전 건축의 어려움을 잘 아시면서도

임기 얼마 남지 않은 해에

모든 인간적 생각과 판단을 버리고

여호와만 바라보는 굳센 믿음이 있었기에

가능한 일이었습니다.

목사님의 용기와 충성과 믿음에

축복으로 응답하여 주소서.

또한 성전 건축 후

이웃의 죽어가는 영혼을

이 교회 가득 인도하는 것에 대해 연구하고

국내외 여러 교회들을 답사하여 예배 순서 등

다양한 변화를 시도하고 있습니다.

이 모든 것이 오직

주님의 영광만을 위해 추진하고자 하오니

하나님 보시기에 흡족하지 않으시고

못마땅하고 불편함이 있으시더라도

오직 저희의 순수한 열정을 보시고,

성령께서 친히 도우시고 주관하시어

전 성도가 뜨거운 은혜의 예배를

체험하게 하여 주소서.

앞장서서 일하는 많은 종들이
진정으로 사심 없이 자기의 이익을 희생하면서
열심히 사역하고 있사오니
이들의 노고를 주님 기억하시고 만 배로 갚아 주소서.

그리고 모든 성도가
이 은혜의 바다에 동참하게 하여 주소서.
따지고 비판하는 자리에서 일어나
적극 동참하게 하는 자리로 나아오게 하소서.
또한 주님은 저희의 허물과 실패와 실수를
책망하지 않으시며
전심으로 사모하는 자에게는
결과와 상관없이 축복하시는 좋으신 주님입니다.
저희 교회 성도들이 적극적이고 능동적이며
주님 앞에 거짓 없이 나아오며
가식 없는 충성과 봉사를 함으로써
주님 주시는 축복을 길이길이 누리게 하소서.
예수님의 이름으로 기도합니다. 아멘.

2006. 07. 02

5월의
슬픔을 딛고

참으로 좋으신 아버지 하나님!
계절의 여왕 5월,
라일락의 향기에 취하는 낭만의 계절이지만
주님의 은혜 없이는 잔인한 5월입니다.
아득히 먼 어린 시절, 보릿고개가 있던 시절에
허기진 배를 부둥켜 앉고 참던 하루 볕은
참으로 잔인하게 길었습니다.

캠퍼스의 5월의 여왕 축제를
멀리서 바라보고만 있어야 하는 고학도의 눈에는
5월은 참으로 잔인한 달이었습니다.
5.18 봄의 항쟁으로 발생한 수많은 희생자들,
사랑하는 이들을 가슴에 묻고 사는 이들에겐
5월은 슬픈 달입니다.
모든 이들은 잔인하리만큼 슬픈 계절을
가슴에 묻고 살아갑니다.

허물을 지니고 태어난 저희에게

아무리 좋은 계절에도,

아무리 아름다운 곳에도,

아무리 풍요로워도,

서 있는 자리가 아무리 높고 귀해 보여도

내면에 흐르는 삶의 물줄기는

좌절과 탄식, 슬픔과 눈물밖에는 없습니다.

그러나 저희는 하나님의 은혜로

수많은 걱정과 근심, 어려움을 덜어내고

즐거이 찬송하며 감사하는 눈물을 흘리고 있습니다.

이 놀라운 은혜와 축복을 받은 저희들,

더욱 열심히 주를 섬기고 전도하며

사랑을 베풀게 하여 주소서.

세상적인 욕망과 행복 추구에

집착하지 않게 하시고

신령한 은혜만 사모할 수 있게 하소서.

가지면 가질수록 더 갖고 싶은

재물과 권력의 욕망을 버리게 하시고,

여호와 한 분으로 만족해하는

하박국의 가난한 심령을 주소서.

이 시간 이 성전 가득히

주님 영광만 가득하게 하소서.

예수님의 이름으로 기도드립니다. 아멘.

2004. 05. 23

나그네길 인생의
여정에는

참으로 좋으신 아버지 하나님!
장마와 무더위 속에서도 저희들 건강을 지켜 주시어
은혜 받을 수 있는 시간을 허락하여 주시니
참으로 감사합니다.
험준한 세파 속에 살아가는 저희들,
주님 은혜 없이는 잠시도 살아갈 수 없음을 고백하오니,
저희 모두에게 하늘의 평강과 위로를 주시고 은혜를 내려 주소서.

나그네길 같은 저희 인생의 여정에는
언제나 고통과 절망뿐이며
아픔과 슬픔이 없는 날이 어디 있겠습니까!
그러나 은혜가 저희에게 임하면
슬픔이 변하여 기쁨이 되고
절망이 변하여 희망이 됩니다.

이해할 수도 인정할 수도 받아들일 수도 없고

견딜 수도 없는 고통과 아픔 가운데
주님의 은혜가 임하면
참을 수 있으며 받아들일 수 있습니다.
아프고 쓰라린 영원한 이별도
주님의 은혜가 임하면 다시 만날 것을 믿고
죽음의 순간에도 다시 살 것을 믿으며 웃게 됩니다.

주님의 은혜가 임하여 재물, 권세, 명예, 건강, 장수가
한낱 티끌에 불과한 것이며
어떤 불행한 환경도
기쁨으로 받아들일 수 있음을 깨달았습니다.
이 놀라운 은혜를 주신 주님께 감사하며
더 충성하게 하여 주소서.

목사님의 신령한 말씀으로
흡족한 은혜 받을 수 있게 하여 주소서.
교회 건축을 총괄지휘하고 계시오니
지혜와 능력 주시어
주님이 원하는 교회를 지을 수 있게 하여 주소서.

하나님이 보시기에 지금까지 유례가 없는

가장 좋은 교회를 짓게 하여 주소서.
외형상의 아름다움뿐만 아니라
이 교회를 통하여
어지러운 이 나라를 구하고
전 세계를 복음화 시키는
위대한 주님의 역사를 이루는 교회가 되게 하여 주소서.

여름성경학교가 시작되오니
은혜 중에 마치게 하시고
단기 선교를 떠나는 청년들에게
은혜 중에 선교하고 돌아오게 하여 주소서.
오늘도 이 성전 가득히
주의 영광만 가득하게 하여 주소서.
예수님의 이름으로 기도드립니다. 아멘.

2004 • 여름

고독과
슬픔

참으로 좋으신 아버지 하나님!
유난히 더웠던 지난여름에도
저희들 건강을 지켜 주시고
이 아침 코스모스 하늘거리는
초가을의 짙은 향기 맡으며
주의 전에 나오게 하시니 참으로 감사합니다.

이 시간 저희들이 드리는 예배로
주님 영광 받아 주소서.
저희에게 하늘의 평강과 위로를 내려 주시고
공허한 가슴 가슴에 주님의 신령한 은혜로
가득 채워 주소서.

결실의 계절, 축복의 계절,
감사와 즐거움으로 넘쳐야 할 계절이지만,
아침저녁으로 가슴에 파고드는 서늘한 가을바람은

한없는 고독과 슬픔이 되어

저희의 폐부를 찌를 때가 많습니다.

누구에게서도 위로받을 수 없는 외로움,

소박한 저희들의 작은 꿈도 이룰 수 없는

무능하고 초라한 모습에 눈물과 한숨으로

불면의 밤을 지새우는 가엾은 저희의 모습,

웃음소리가 크면 클수록

내면의 신음소리가 더 커지는 가련한 존재들을

주여, 긍휼히 여겨 주소서.

참된 마음의 평화를 주소서.

잠시라도 저희의 시선이

주님께로부터 벗어나지 않게 하여 주소서.

오직 주님 품 안에서만

시름과 고통을 이길 수 있고

주님의 은혜로만 참 행복을 찾을 수 있습니다.

은혜를 주시어 저희들 입가의 미소가

영원히 이어지게 하여 주소서.

성전 건축이 은혜롭게 진행되게 해 주시어 감사합니다.

준공될 때까지 안전하고 은혜롭고
아름답게 지어지도록 하여 주소서.
외면의 아름다움보다 내면의 아름다움이
더 크게 하여 주소서.

교회의 모든 성가대가
내년에 입당하는 아름다운 새 성전에서
더 아름다운 찬양을 드릴 수 있게
기도하고 준비하게 하여 주소서.

이 거룩한 날, 이 거룩한 전에,
오직 주의 거룩함만 있게 하여 주소서.
예수님의 이름으로 기도드립니다. 아멘.

2004. 08. 28

험난한 인생 여정

참으로 좋으신 아버지 하나님!
가을의 끝자락에서
지나온 일 년을 돌아보니
걸어온 자국마다 주님의 은혜였으며
주님의 축복이었습니다.

저희의 능력이나 노력보다는
훨씬 많은 물질적 축복과
건강의 축복을 받았고,
자랑스러운 기쁨의 날들도 있었습니다.
그러나 그보다도 더 큰 축복은
주님이 늘 함께하신 것입니다.

극심한 불황의 수렁에서
생업이 곤궁에 빠지고
심신이 지칠 대로 지칠지라도

좌절하거나 원망하지 않고 잘 견디게 해 주셨습니다.

때로는 인생을 살아가는 동안
반드시 해결되어야 하는 중요한 문제로
새벽마다 주의 전에서 눈물을 뿌리며 간구합니다.
간절히 바라는 기도의 응답이 이루어지지 않을 때도
포기하지 않고 인내의 믿음을 가지고
기다리며 기도하게 하시었습니다.

그 기도의 결과를 주님의 섭리로 받아들이며
끝내는 승리하게 하심을 믿게 하시고
저희의 건강이 회복되지 않아 고통 중에 있을 때라도
마음으로는 항상 아픔 속에서도 평안을 누리고,
그 병세 악화되어 끝내는 죽음의 날을 맞을지라도
그 죽음 또한 기쁨으로 맞이하게 하소서.

저희의 영의 눈을 밝히시어 저 언덕 너머에
주님 예비하신 집을 바라보며
그곳은 다시는 죽음이 없고
애통하고 아프고 쓰린 이별도 없으며
눈물을 친히 씻겨 주실 것을 믿고

웃음으로 그 나라 맞이할 수 있는
은혜를 주신 주님께 감사드립니다.

험난한 인생 여정에서
고통이 없는 날이 어디에 있으며
한숨이 없는 날이 어디 있겠습니까.
재력, 권력, 명예나 장수 그 무엇이
저희에게 참 평안과 기쁨을 주겠습니까.
오직 은혜가 임할 때만
참 평안과 행복이 있음을 고백합니다.

여호와 한 분으로 만족한 하박국 선지자처럼,
저희도 갑작스런 실직이나 도산으로
끼니를 걱정하리만큼 빈궁한 날이 올지라도
사랑하는 가족과 다정히 손잡고
주의 전에 올 수 있는 것만으로도
감사하게 하여 주소서.
저희의 앞길을 보호하시고 인도하심을 믿게 하여 주소서.

오늘도 이 예배를 통하여 주님 영광 받아 주소서.
예수님의 이름으로 기도드립니다. 아멘.

2004. 11. 21

새해
첫 주일

참으로 좋으신 아버지 하나님!
죄 많고 허물 많은 저희들을 용서해 주시고
사랑해 주시고 축복해 주시니 참으로 감사합니다.

주의 도움 없이는 잠시도 살아갈 수 없는
연약하고 허약한 저희들
노력과 의지로는 건강도 생업도 지탱할 수 없는
나약한 존재입니다.
그러나 주님이 함께하시어
불치병도 말끔히 고쳐 주시고
어려운 고난의 역경도
가볍게 극복될 수 있게 해 주시어
진심으로 주님께 감사와 찬송을 드립니다.

이 좋으신 주님을 2003년 새해에는 더 깊이 알게 하시고
마음을 더욱 굳게 하여 모든 아픔과 괴로움을 주님께 맡기고

즐거운 찬송 부르며 승리의 삶 누리게 하시고
죄에 눌려 괴로워하지 않게 하여 주소서.

우리의 많은 허물에도
겨자씨만한 작은 믿음과 선행을 더 크게 보시고
복을 주시는 참으로 좋으신 아버지 하나님!
주님을 믿는 것이 짐이 아니고 행복임을
진심으로 깨닫게 하여 주소서.

일천만 성도의 기도를 들으시어
불과 50여 년의 짧은 역사에도
자랑스럽고 위대한 역사를 이루신 주님께
감사드리지 않을 수 없습니다.
경제 성장으로 부요해진 대한민국,
자유롭게 살 수 있는 민주주의 나라,
올림픽과 월드컵을 주최하여
좋은 성적을 거둔 자랑스러운 대한민국
이것이 어찌 저희들의 노력이겠으며
저희들의 선행으로 이루어졌겠습니까?
이것은 오직 믿음의 선조들의 순교의 피와
일천만 성도의 간구로 이루어진

주님의 역사임을 확실히 믿습니다.

더 열심히 기도하고 전도하게 하여 주소서.
북한 동포를 포함한 이 민족 전체를 복음화 시키고
나아가 전 세계를 복음화 시키는 데
주역을 감당하려 하오니
이 일이 주님 뜻 안에서 이루어지게 하여 주소서.
반드시 이루어지게 하여 주소서.

전 교우들이 피와 땀과 정성을 바치려 하오니
이 소명에 불타는 저희 교회의 백성들을
주님, 축복하여 주소서.

담임목사님과 늘 함께하여 주시고
목사님을 중심으로 굳게 뭉쳐
이 조그만 도시에서 위대한 주님의 역사가
이루어지게 하여 주소서.
오늘 선포되는 말씀을 통하여
은혜 받게 하여 주소서.

예배를 위해 수고한 손길들에

주님 축복하여 주시고

이 거룩한 날 온종일

주의 전에 주의 거룩함만 있게 하여 주소서.

예수님의 이름으로 기도드립니다. 아멘.

2003. 01. 19 • 3부예배 대표기도

장로회
신학대학교에서

사랑과 은혜가 풍성하신 하나님!
아름다운 이곳 광나루 언덕 위에
아름다운 진리의 전당 선지동산을 세우시고
오랜 세월 동안 수많은 주님의 사역자들을 배출하시어
이 나라뿐만 아니라 세계 구석구석까지
주님의 복음을 전파할 수 있게 해 주시니
참으로 감사하고 감사합니다.

이 아름다운 상아탑에 2천여 명의 학생들이
하나님의 말씀을 배우고 진리를 깨달으며
헌신의 자세를 가다듬게 해 주시니
또한 감사합니다.
이곳에 모인 학생들은
세상 명예와 부와 쾌락을 분토같이 여기고
오직 주님 한 분으로 만족하는
소명의식을 갖고 모였으니

이들의 갸륵한 뜻 주님 어여삐 여기시어

앞길에 주님의 축복의 손길을 드리워 주소서.

상한 갈대보다 더 약한 저희들의 마음,

어제의 은혜도 망각하기 쉽고

오늘의 결심도 깨어지기 쉬우니,

숭고한 뜻으로 모인 이곳의 젊은이들에게

주님 강한 손으로 붙잡으시어

오늘의 결심 영원히 변치 않게 하여 주소서.

어떠한 절망적 환경 속에서도

소망을 잃지 않게 하시고

어떠한 고통 속에서도 주님을 바라볼 수 있게 하시며

어떠한 갈등 속에서도 주님만을 선택하는

믿음의 역군들이 되게 하여 주소서.

이 역군들의 우렁찬 기도 소리가

이 나라 금수강산에 메아리처 울리게 하시고

그 간절한 기도로 이 나라 이 민족 전체를 복음화 시켜 주소서.

갈등 속에서 서로를 질시하고 질타하며

목표를 잃고 방황하는 어지러운 이 나라 이 민족이

주님 안에서 서로를 사랑하며

공의가 물같이 정의가 하수같이 흐르는

축복의 나라를 만드는 기초가 되게 하여 주소서.

이 학교를 의거하시고 학생들을 가르치시는

총장님을 비롯한 많은 교수님들에게도

늘 은혜와 능력을 주시어

훌륭히 지도하게 해 주시니 참으로 감사합니다.

이들의 노고에 주님 축복으로 채워 주소서.

앞으로도 더 훌륭히 가르칠 수 있게 하시며

무엇보다도 참다운 주님의 사랑을

바로 배워갈 수 있게 하여 주소서.

이 학교를 운영하는 데 재정적인 어려움이 결코 없게 하여 주소서.

이 시간 고개 숙인 우리 모두에게 주님 은혜 내려 주시고

우리들의 예배를 통해 주님 영광 받아 주소서.

예수님의 이름으로 기도드립니다. 아멘.

2003. 04. 04 • 광나루의 선지동산에서

계절의 변화

참으로 좋으신 아버지 하나님!
추운 겨울이 지나고 춘삼월 이른 아침에
봄의 교향악 흠뻑 느끼며
주의 거룩한 성소에서
기도하고 찬양하며 예배할 수 있게 해 주시니
참으로 감사합니다.

계절의 변화를 맞을 때마다
주님의 오묘하신 창조적 섭리에
감탄하지 않을 수 없습니다.
마른 풀 하나가 단단한 대지를 뚫고 올라오고
또한 앙상한 가지에 움트고 꽃이 피어
산과 들을 온통 화려한 꽃 대궐로 만드는
주님의 능력 앞에 숙연해지고
자부심과 용기를 가지게 되었습니다.

능력의 하나님이 저희의 아버지 되심에
연약한 저희들 강인하게 해 주시며
몸이 병들어 힘들지라도
주님의 때가 이르면 건강하고 아름답게 회복됨을 믿습니다.

죄로 인해 추한 모습일지라도 주님 사해 주시어
저희는 절망 대신에 희망이 넘치고
좌절 대신에 용기가 살아나며
괴로움 대신에 기쁨이 넘쳐나게 해 주시니
참으로 감사하고 감사할 뿐입니다.
이렇게 참 좋으신 아버지를 더욱 믿고 의지하면서
늘 즐거움으로 가득 차게 하여 주소서.

목사님 말씀을 통하여 은혜 받게 하시고
위로 받는 시간 되게 하여 주소서.
목사님에게 솔로몬의 지혜를 주시어
교회를 잘 이끌어 가게 하시고
영적으로 양적으로 더욱 성장하여
주위에 죽어가는 심령들을 많이 전도하는
구원의 방주 역할을 하게 하여 주소서.

교회의 각 기관들과 사역 팀들

주님께서 지켜 주시어

교회가 더욱 성장하게 하여 주소서.

오늘도 이 성전 곳곳에 주의 향기와

주의 거룩함이 가득하게 하시고

예배하는 모든 성도들에게

주님의 축복이 차고 넘치게 하소서.

예수님의 이름으로 기도드립니다. 아멘.

2002. 03. 10 • 3부예배 대표기도

36주년
기념예배

참으로 좋으신 아버지 하나님!
지난 한 주간 폭우와 폭염 속에서
무사히 지켜 주시고
교회 창립 36주년 기념 예배를 드릴 수 있게 해 주시니
참으로 감사합니다.
감격하고 설레는 마음으로 주님 앞에 모였으니
오늘 드리는 모든 예배,
주님 큰 영광 받아 주시고
큰 은혜 받는 시간 되게 하여 주소서.

지난 36년간 저희의 모습을 돌아보면
순종보다는 불순종이 많았고
충직함보다는 불충이 많았으며
주님 영광보다는 자신을 내세우는 일이 많았음을 고백합니다.
그러나 주님께서는 잘못보다는
작은 것일지라도 저희의 선행을 보시어

이 교회를 주님 계실 만한 곳으로 인정하시고

오늘날까지 지켜 주시며 부흥 발전케 하셨습니다.

죽을 수밖에 없는 저희 영혼들에게

구속의 은총을 받게 하셨고

광야길 같은 거친 삶 속에서

몸과 마음이 지쳐 피곤할 때

교회에서 평안한 쉼을 얻게 하셨으며

쓸쓸하고 외로울 때는

주님의 따뜻한 손길을 느끼며

위로받게 해 주셨으니

참으로 감사하고 감사합니다.

주님 친히 이 교회에 머무시어

저희의 기도에 응답하여 주소서.

일찍이 솔로몬이 기도했듯이

범죄치 않는 사람은 없으니

저희가 범죄로 곤고한 지경에 빠졌을 때

스스로 죄를 깨닫고 속죄의 기도를 드리면

주님 잊지 않고 저희의 부르짖음에 응답해 주소서.

또한 갑자기 다가오는 실직의 아픔,

사업의 도산, 견디기 어려운 질병의 고통 등

재앙이 있을 때나 없을 때를 무론하고

성전을 향하여 기도드리면 주께서 들으시고 해결하여 주소서.

이러한 능력의 교회가 되기 위해

저희들이 진심으로 기도하고

더 열심으로 봉사하기를 원합니다.

이 거룩하고 의미 있는 날 주님 영광이

이 성전에 가득 차게 하여 주소서.

예수님의 이름으로 기도드립니다. 아멘.

2002. 08. 11 • 창립주일 3부예배 대표기도

포항중앙교회 창립 55주년

참으로 좋으신 아버지 하나님!
아름다운 항구도시 포항에
일찍이 중앙교회를 설립하여 주시고
오늘날까지 부흥 발전케 하시어
주님 영광 받아 주시니 참으로 감사하고 감사합니다.
앞으로 더 큰 성장과 영광을 돌릴 수 있는
복된 교회가 되게 하여 주소서.

능력의 목사님을 보내 주시어 부흥 성장케 해 주시고
6,000여 성도들을 은혜로 충만하게 하시어
살아 움직이는 역동적 교회가 되게 하시니 감사합니다.
이 교회 성도들의 가슴속에 언제나 뜨거운 감격과
성령의 충만한 은사가 있게 하여 주소서.

특별히 이 밤은 창립 55주년을 맞아
해외 선교사 파송 및 출영 인사 초청

감사예배로 드립니다.

이 교회에서 열심히 봉사하던

옛날의 그리운 얼굴들이 한자리에 모였습니다.

언제 어디서나 주님께 충성하고 봉사하는 종들이오니

주님, 축복의 손길로 늘 채워 주옵소서.

그들의 남은 인생 여정도

주님께서 지켜 주시고 인도하여 주옵소서.

멀리 이국땅 아르헨티나에 선교사로 떠나는

선교사님의 발걸음을 주님께서 지켜 주시고

사명감에 불타서 자원하는 종이오니

언제나 즐거운 마음으로 선교사역을 훌륭히 감당하는

능력의 종이 되게 하여 주소서.

아버지 하나님, 감사합니다.

본 교회가 창립 55주년을 맞아

크고 아름다운 교육선교센터를 건립하려 하오니

참으로 감사합니다.

목사님을 비롯한 전교인들의 간절한 기도와

피땀 어린 정성으로 세우는 선교센터이오니

주님의 크신 사명을 다하고 부족함이 없게 하여 주소서.

참 믿음의 사람을 많이 양육하여
세계 곳곳에 선교사를 파송하고
다양한 선교 사업을 펼침으로
세계 선교 역사의 중심 역할을 할 수 있게 하여 주소서.

지난 세월 이 민족에게도 비참한 시절이 있었으나
주님의 복음을 받아들인 뒤
불과 50여 년 만에 세계가 놀라고 우리 스스로가 놀라는
찬란한 발전을 이룩하였습니다.
복음의 빚진 자로서의 사명을
지구 곳곳에서 감당하는 저희들 되게 하여 주소서.

아직도 기아와 질병, 전쟁과 증오로
비참하게 살아가는 국가와 민족이 수 없이 많으니
그들에게 주의 복음을 전하여
그들이 주님을 받아들임으로써 생활이 향상되고
마음에 참 평화를 누리게 하여 주소서.

21세기 이 중차대한 사명을
이 민족이 감당하게 하시고
그 중심에 포항중앙교회가 있게 하여 주소서.

오늘 이 예배를 통하여

주님 크게 영광 받아 주시고

귀한 말씀으로 저희 모두

은혜 받는 시간 되게 하여 주소서.

예수님의 이름으로 기도드립니다. 아멘.

2002. 10. 03 • 포항중앙교회 창립 55주년

참 신앙인

거룩하시고 자비로우신 아버지 하나님!
이 시간 저희 각 심령마다
성령의 불길로 타오르게 하시고
말씀으로 충만케 하여 주소서.

저희의 삶 전체가 주님의 모습을 닮게 하여 주시고
사랑을 몸소 실천하는 산 믿음을 갖게 하여 주소서.
사랑이 없음으로 날로 흉포해져 가고 있는 이 사회에
저희가 사랑의 횃불이 되게 하시고
죄악으로 썩어가는 이 사회에
진정 소금의 역할을 할 수 있게 하소서.
말로만 크게 주여! 주여! 큰소리로 외치는
바리새인의 신앙이 되지 않게 하여 주시고
작은 사랑이라도 먼저 몸으로 실천하는
선한 사마리아인의 신앙을 본받게 하여 주소서.

아버지 하나님!

주님을 믿는다는 성도들이

주님의 이름으로 수백만 명이 모여

목청 돋우어 기도하는 일이 많지만

가진 것 중 극히 일부라도

이웃을 위해 양보하는 자는 너무나 적습니다.

양 한 마리를 마저 가질 수 있게 해 달라고

목청 돋우어 기도하는 이기적인 신앙인이

이 나라를 뒤덮고 있습니다.

아버지 하나님!

이 나라의 기독교인들의 신앙을 바로 잡아주시고

참 믿음이 무엇인지 깨닫고 회개하게 하여 주소서.

내 이웃을 위해 행하는 작은 양보와 희생이

곧 주님을 크게 섬기는 일이며

주님께서 크게 기뻐하시는 일임을 깨닫고

그 슬픔 거두어 주시고 하늘의 위로를 내려 주소서.

모든 유족들 위로하여 주시고

고인께서 일생동안 정성을 다해 펼쳐놓은

주님의 사업을 유족들이 더욱 계승 발전시켜

하나님의 큰 축복이 자자손손 함께하는
아브라함과 같은 가문이 되게 하여 주소서.

당신의 종이 구상하는 사업들이 많습니다.
수양관 건축은 이미 착수하였으며
선교관 건축도 곧 착수하려고 합니다.
이 본당도 더 아름답게 신축하려고
구상 중에 있습니다.
솔로몬에게 성전 건축의 영광을 주었듯이
저희에게도 주시고 이 교회를 통해
이 나라뿐만 아니라
전 세계에 참 진리를 선포하는
세계 복음화의 중심이 되게 하여 주소서.
이를 위해 성도들이 합심하여 기도하고
몸과 마음과 물질을 기쁘게 바치기를 원합니다.

오늘 드리는 예배에 은혜 충만케 하여 주시고
온종일 이 성전에 주님의 향기만이 가득하게 하여 주소서.
예수님의 이름으로 기도드립니다. 아멘.

2001. 07

편히 쉬게
하리라

참으로 좋으신 아버지 하나님!
추석 명절을 맞이하여
동서남북으로 흩어져 있던 성도들이
주의 거룩한 날에 주님의 전에 나아와
찬송과 경배를 드릴 수 있게 해 주시어
참으로 감사를 드립니다.

이 자리에 고개 숙인 저희들에게
주님의 참된 평강과 주의 부드러운 음성을
친히 들려주시어 주님의 위로의 손을
직접 느낄 수 있게 하여 주소서.

저희들 질병, 고통, 시련, 가난과 실직의 부담 등
수많은 짐을 지고 이 자리에 나왔습니다.
"수고하고 무거운 짐 진 자들아 다 내게로 오라
내가 너희를 쉬게 하리라"(눅 10:28)라고 하신

주님의 말씀처럼 인생의 모든 짐을 주님께 맡기고
편히 쉬게 하여 주소서.

친히 우리의 짐을 져 주시는 주님!
주님을 구주로 모시고 살 수 있어 참으로 행복합니다.
언제나 저희들 곁에 계심을 느끼게 해 주소서.

연약하고 힘없는 저희들,
주님 없이는 잠시도 살아갈 수 없으니
저희를 지켜 주시고 보호하여 주시며
저희들의 연약한 몸과 마음을
늘 강건케 하시어
주님의 크신 사랑과 은혜로 감싸 주소서.

목사님을 중심으로 굳게 뭉쳐
주님의 귀한 사명을 충분히 감당할 수 있는
능력 있고 축복받는 교회가 되게 하여 주소서.

저희들의 정성을 모아 드리는 이 예배로
주님께 크게 영광 돌리고
하늘에 상달되는 예배가 되게 하여 주소서.

처음 시간부터 온종일 이 성전 가득히 주의 영광과 거룩함만 있게 하여 주소서.

예수님의 이름으로 기도드립니다. 아멘.

2000. 09. 17 • 3부예배

반석 위에 세운 교회

참으로 좋으신 아버지!
설 명절의 들뜨기 쉬운 분위기에서도
차분히 마음을 가라앉혀 주시고
저희의 발길을 주의 전으로 향하게 하시니
참으로 감사합니다.
이 시간, 주님 친히 뵈올 수 있게 하여 주시고
하늘의 평강과 위로를 받을 수 있는
시간 되게 하여 주소서.

설을 맞아 고향이나 먼 길 떠난 성도들
어느 곳에 있든지 은혜 받을 수 있게 해 주시고
돌아올 때까지 주님 안전하게 지켜 주소서.
주님께서 지켜 주시지 않으면
잠시도 살아갈 수 없는 연약한 저희들,
주님 따뜻한 가슴으로 늘 보호해 주소서.

1년 전 설 명절을 맞은 저희들에게는
참담함만 있었습니다.
세차게 불어닥친 IMF의 위기로
국가 경제의 붕괴 위험에서
주님 친히 해결해 주시어
금년은 희망으로 맞을 수 있게 해 주시니
참으로 감사하고 감사합니다.

저희들의 오만과 악한 행실로는
더 큰 고통을 받아야 마땅하지만,
복 주시기를 기뻐하시는 주님이시기에
겨자씨보다 작은 믿음 가지고
어려운 처지에서 애타게 간구하는
저희들의 가냘픈 외침에 응답하시어
예상보다 빨리 위기에서 벗어났습니다.
세계의 뛰어난 경제학자들의 예측과 판단을
어리석게 만들어 버린 하나님께
참으로 감사와 찬송을 돌립니다.

주님, 저희에게 베풀어 주신 이 은혜
망각하지 않게 하시고

다시는 환란의 고통을 당하지 않기 위해
더 겸손히 주님을 섬기고,
더 열심히 전도하며,
더욱 충성스럽게 봉사하게 하여 주소서.
주님, 저희 교회를 특별히 사랑하여 주심에
또한 감사드립니다.

안정된 토대를 마련하신 주님의 종,
일찍이 서원한 재직 년 수를 넘기며
재임 기간을 연장하여 주심에 감사합니다.
몸 돌보지 않고 불철주야 열심히 일하여
이 교회가 반석 위에 세운 교회로
단단하게 성장하도록 인도해 주시니 감사합니다.
종이 떠나도 전 교인이 더 열심히 기도하고
서로 사랑하며 합심 단결함으로써
교회가 잘 운영되게 하시니 참으로 감사합니다.
또한 당 회원들이 한 사람도 사심 없이
하나님 뜻에 따라 최선을 다할 수 있게 해 주시어
또한 감사합니다.
새로운 당회장이 올 때까지, 온 후에도,
전 기관이 합심 단결하여 충성함으로

오직 주의 선을 이루는
아름다운 교회가 되게 하시고
주님께 "잘했다" 칭찬받는 교회가 되게 하여 주소서.

늘 겸손한 자세로
오직 주님의 말씀만 전하시려는 어린 종에게
더 큰 능력과 지혜 주시어
이 교회가 당회장이 없는 기간도
잠시도 정체하지 않고 성장하게 하여 주소서.

이 교회의 주인은 주님이요,
교회의 당회장 또한 주님의 대언자임을 명심하고
주님 한 분만 바라보고 나아가는 저희가 되게 하여 주소서.
예수님의 이름으로 기도드립니다. 아멘.

1999. 02. 14 • 3부예배 대표기도

5월
가정의 달

우리들의 참 생명이시며 참 소망이며

참 기쁨이신 살아계신 하나님 아버지!

아버지의 도움이 없이는

잠시도 살 수 없는 연약한 저희들을

오늘까지 보호해 주시고 인도해 주신

크신 은혜에 감사드립니다.

저희의 삶과 생활을 돌아볼 때

하나님의 자녀답게 살지 못하였으며

주님의 일을 하기보다는

세상일에 분주했음을 회개하오니 용서해 주시고

믿음으로 살기를 다짐하는 시간 되게 하여 주소서.

사랑의 하나님 아버지!

5월 가정의 달 마지막 주일에

찬양 예배로 드리게 됨을 감사합니다.

저희에게 단란한 가정을 주셨고
사랑스런 자녀를 맡겨 주심을 감사드립니다.

주님이 주신 자녀들을
주님의 뜻대로 키울 수 있게 하여 주소서.
이 사회가 온갖 죄악과 범죄로 물들어 있어도
어른들이 솔선수범하여 기도의 본을 보이며
쉼 없이 주님을 찬양하게 하여 주소서.

자녀들은 어릴 때부터 하나님을 사랑하며
기도로 무장하고 예배하는 습관을 기르게 해 주소서.

사랑의 하나님 아버지!
저희들이 연로하신 어른들을 공경함으로써
"네 아버지와 어머니를 공경하라
이것은 약속이 있는 첫 계명이니"(엡 6:2)라고 하신
주님의 명령을 받들 수 있게 하시고,
자녀들에게 본이 되어 가정이 화목하고
예수님의 사랑을 실천하는
작은 천국이 되게 하소서.

사랑의 하나님 아버지!

이 예배를 통하여 신령한 은혜를 받게 하시고

저희의 마음을 소망과 사랑으로 채워 주시어

날마다 믿음이 성장하도록 인도해 주소서.

이 모든 말씀을 우리 주 예수 그리스도의 이름으로

기도드립니다. 아멘.

1999. 05. 30 • 찬양예배

교육부
발표회

"여호와를 경외하는 것이 지식의 근본이거늘
미련한 자는 지혜와 훈계를 멸시하느니라"(잠 1:7)

참으로 좋으신 아버지 하나님!
이곳에 아름다운 주님의 교회를 세우시고
주의 법도와 규례를 가르치며
주의 사랑을 전파할 수 있게 해 주시니
감사하고 감사합니다.

참으로 소란스럽고 혼탁한 이 사회,
방향을 잃고 표류하는 현실 가운데
저희들의 마음속에는
온갖 사악함과 거짓과 위선으로 가득 차 있음에도
고고한 자태를 뽐내며
간음한 여인 하나를 호통치고
돌로 치며 저주하는 것이

사명을 다하는 것처럼 생각합니다.

채찍과 형벌 외에 더 이상 기대할 것 없는 저희들을
사랑으로 이 현실을 깨닫게 하여 주소서.

축복의 내일을 얻기 위해서
때 묻지 않은 저희의 2세들에게
열과 성을 다하여 주의 말씀과 법도를 가르치며
주의 사랑을 깨우친 주일학교 선생님들이 있음에 감사드립니다.

저희 교회뿐만 아니라 전국 모든 교회가
같은 마음으로 수많은 어린 심령들에게
주의 진리를 가르치게 해 주시니 감사합니다.

수고한 선생님들에게 축복으로 채워 주시고
그들의 노고가 헛되지 않게 하시고
그들의 소망이 이루어지게 하여 주소서.

죄악으로 흐르기 쉬운 젊은 시절이지만,
저희 교회의 젊은이들이 귀한 시간을 바쳐
농촌 봉사, 해외선교, 가르치는 일 등,

갖가지 주의 일로 땀 흘리게 해 주신

주님께 감사드리며

그들의 앞길에 주의 크신 복이 있게 하여 주소서.

오늘 모든 발표를 통해

함께 은혜 받는 시간 되게 하시고

주께 영광 돌릴 수 있게 하여 주소서.

예수님의 이름으로 기도드립니다. 아멘.

1999. 08. 25 • 교육부 발표회

IMF 현실의 어려움

참으로 좋으신 아버지 하나님!
향기로운 4월의 꽃향기 맡으며
주의 거룩한 성, 시온에 들게 하시고
성문 앞에서 주님 친히 반겨 주심을 깨닫게 하시니
참으로 감사하고 감사합니다.

이 시간 주님의 따스한 사랑의 손길을 느끼게 하시고
주님의 인자한 음성을 친히 들을 수 있게 하소서.
지칠 대로 지친 저희의 몸과 마음이
참 쉼을 얻는 시간 되게 하여 주시고
고통의 눈물과 한숨이
기쁨의 찬송과 감격의 기도가 되게 하소서.
불안하고 초조한 심령들에게 굳센 믿음을 주시고,
절망에 흐느끼는 저희에게
소망의 문이 열리게 하소서.

저희들의 친구요 구원자이신 주님을 바로 알고

위안을 받는 시간이 되게 하소서.

지금도 수많은 주의 백성들이 애통하며

주님의 위로를 갈망하고 있습니다.

주님, 저들의 눈물 거두어 하늘의 평화를 주소서.

오늘날 이 땅의 많은 교회들이

좋으신 하나님을 왜곡시켜

오직 고통과 희생만 강요하는

섬기기 어려운 하나님으로 만들고 있습니다.

주님이 택하신 백성으로서

참된 기쁨을 전혀 느끼지 못하고

저희들의 어깨는 늘 무거운 짐으로 짓눌려 있습니다.

물질을 바쳐도 더 바치기를 바라고

오직 돈을 좋아하는 하나님으로,

몸과 시간을 바쳐도 더 바치기를 바라는

오직 봉사와 희생만을 강요하는

참으로 부담스런 하나님으로 인식시키고 있습니다.

정녕 이 시대는 율법 아래보다

더 큰 죄의 공포에 시달리고 있습니다.

주여! 은혜의 주님을 바로 깨닫게 하시고
언제나 저희들의 곁에 있는
다정한 친구 되신 주님을 깨닫게 하여 주소서.

저희를 향하신 주님의 구원과 축복은
저희의 물질적 바침이 아니고
또한 희생과 봉사가 아님을 깨닫게 하시고
대가 없이 주시는 주님의 은혜에 의해서만
가능함을 알게 하소서.
이것을 믿는 믿음만이 오직 주님을
기쁘시게 함을 깨닫게 하여 주소서.

저희의 죄를 일곱 번씩 일흔 번이라도
용서해 주시는 참으로 좋으신 하나님을
저희의 아버지로 모심으로
늘 감격하고 행복해하며 위로받게 하여 주소서.

IMF의 현실을 맞아 참으로 어려운 일들이 많은 이때에
위로받을 곳은 오직 주님밖에 없으며
의지할 곳은 주님밖에 없습니다.
주님, 친히 저희들의 위로자가 되어 주소서.

오늘의 어려움과 시련은 주님의 큰 뜻임을 믿고
결코 절망이나 좌절로 주저앉는 민족이 되지 않게 하여 주소서.

이 민족에게 지금보다 더 큰 아픔과 시련이
금세기 중반까지도 있었습니다.
참으로 오랫동안 고통을 당해 온 이 민족은
소생의 희망도 미래의 꿈도 없었지만,
선조들의 순교의 피가 이 강토를 적신 이래,
주님 친히 저희와 함께하시어
불과 30년~40년 사이에 세계가 놀라고
저희들 스스로도 놀랄 만큼
눈부신 발전과 풍요를 누렸습니다.
그동안의 갑작스런 풍요로
저희가 방종했음을 깨달았습니다.
참회와 애통이 주님께 상달된다면
현재의 어려움은 일순간 해결될 수 있음을 굳게 믿으니,
저희가 더욱 합심하여 참회의 기도를
주께 드릴 수 있게 하여 주소서.

다가오는 21세기에는
금세기에 당한 고통과 아픔은 더 이상 없게 하시고

이 민족 위에 찬란한 영광이 있게 하여 주소서.

주님, 이 민족 위에 드리우셨던

크나큰 축복의 손길을 거두시지 마옵시고

어떠한 시련에도 소망을 가지고

견디게 하여 주소서.

예수님의 이름으로 기도드립니다. 아멘.

1998. 04. 26 • 3부예배 대표기도

# 1998년 한해를
돌아보며

참으로 좋으신 아버지 하나님!
1998년 한해를 돌아보며
주님 베풀어 주신 참으로 큰 은총에
감사를 드리지 않을 수 없습니다.

새해 벽두부터 불어 닥친
환란의 위기인 IMF의 현실은
저희에게 현재의 고통뿐만 아니라
미래의 꿈마저 송두리째 앗아간
참으로 암울한 시작이었습니다.

수많은 기업들의 도산과 실직의 홍수에서
국가 경제는 전체의 붕괴 위험 공포 속에 있었으나
불과 몇 달 만에 외환 위기에서 벗어나고
경제적 안정을 찾을 수 있게 해 주시어
감사하고 감사합니다.

이 땅은 저희들을 비롯한

천만이 넘는 주의 백성들의

위선적 기도와 허영에 넘친 믿음,

불손한 언행으로 사악하기 그지없습니다.

저희의 오만과 불충한 행동들은

고통을 받아도 마땅하지만

겨자씨 한 알보다도 작은

저희들의 가냘픈 간구를 들으시어

예상치 못한 짧은 시간에 해결의 실마리를 풀어 주신

주님의 한없는 관용에 진심 어린 감사를 드립니다.

주님!

더 큰 믿음 주시고 더 큰 봉사로 복을 받게 하여 주소서.

다가오는 21세기에는 이 민족이 전 세계에 우뚝 솟는

축복의 민족이 되게 하여 주소서.

주님 저희 교회를

특별히 사랑하여 주심에 또한 감사드립니다.

이 교회를 위하여 헌신적으로 열정적으로 봉사하신 목사님,

주님이 더 크게 쓰시려고

주님 곁으로 부르셨음을 알고 있습니다.

지상에서 겪은 고통과 아픔을 벗어 버리고
평온한 안식을 누리게 하여 주소서.

인간인 저희는 갑작스럽게 당하는 일이라
많이 염려하였으나 주께서 함께하시고
전교인이 합심하여 기도하고 단결하여
아무런 동요 없이 교회가 잘 운영되게 해 주시니
참으로 감사합니다.

당 회원들이 진심으로 이 교회를
하나님 뜻과 신앙적 뜻에 맞게 잘 운영하려고
열심히 노력하고 합심하여 기도하고 있으니
주님의 선을 이루는 아름다운 교회가 되게 하소서.

특히 남편을 잃고 아버지를 잃고
슬픔에 잠겨 방황하고 있을 사모님과 어린 자녀들,
주님에 대한 확고한 신앙으로
모든 것을 주님의 섭리로 받아들이고
조금도 흔들림 없게 붙잡아 주시니
참으로 감사하고 감사합니다.
그들이 더 큰 믿음으로 굳게 서서

목사님의 못 다한 유업을

더 크게 승화 발전시킬 수 있게 하시고

그들 앞에 오직 주의 축복만 있게 하여 주소서.

주님의 종 목사님,

어리고 경험이 적지만 주님 늘 함께하시어

매주 주님께서 주시는 생명의 양식으로

우리의 영혼에 채워 주시니 감사합니다.

늘 겸손한 자세로 주님의 말씀을 전파하는

능력 있고 신실한 종이 되게 하여 주소서.

이 예배를 위하여 준비한 성가대를 비롯한

모든 손길들을 축복하여 주시고

이 예배를 통하여 주님 홀로 영광 받아 주소서.

예수님의 이름으로 기도드립니다. 아멘.

1998. 11. 29 • 2부예배 대표기도

참된
사랑

참으로 고마우신 아버지 하나님!
부족한 저희들 지난 한 주간도
주님 은혜의 나래 안에서 편안한 쉼을 얻게 하시고
주님 거룩한 전에서 성도들과 더불어
기쁘게 예배하는 시간을 갖게 해 주시니
참으로 감사드립니다.

이 시간 저희들의 마음을 거룩하게 하시고
저희들의 영혼 깨끗하게 하여 주소서.
저희의 마음에 진정한 기쁨이 넘치게 하시고
감사의 찬송이 있게 하여 주소서.

지난 6개월간 주님이 주신 큰 축복에 감사드립니다.
저희의 생활을 윤택하게 해 주시고
재난과 질병 속에서도 안전하게 지켜 주시고
날로 증가하고 있는 비행청소년들의 행위가

더욱 흉포해지는 사회 분위기에서도

저희의 자녀들이 어린 시절부터

주의 훈계를 따르며 건강하게 자라게 해 주신 것

또한 감사드립니다.

주님께 받은 감사의 조건들

어찌 말로 다 표현할 수 있겠습니까?

저희 마음은 자주

감사의 찬송 대신에 불평과 불만이,

축복의 행복감 대신 상대적 박탈감에서 오는 허탈로

불행하고 노기로 가득 차 있고

형제와 이웃에게 사랑 대신

미움과 증오로 채워져 있습니다.

동네가 시끄럽고 교회들과

나라 전체가 늘 소란스럽습니다.

이 민족 위에 내리신 주의 축복이 너무나 크지만,

저희는 주님의 축복을 늘 망각하고 살아갑니다.

주님께 감사할 줄 아는 민족은

사막을 축복의 옥토로

쓸모없이 버려진 불모의 땅도 아름다운 나라로 변모시켰으나

주님께 감사할 줄 모르는 민족에게는

축복의 옥토도 저주의 땅으로 변해 버릴 수 있음을

생생히 보고 있습니다.

찬란하고 아름다운 금강산,

신비스럽고 아름다운 백두산과 천지연을 가진 나라,

비옥한 땅과 풍부한 지하자원을 가진 나라가

불과 50여 년 만에

간악한 북한 공산 집단의 탄압으로

주님께 바치는 감사의 찬송과 기도가 끊어지고

지구상에서 가장 비참한 저주의 나라로

변해 버렸음을 생생히 보고 있습니다.

아버지 하나님!

주님 주신 축복에 늘 감사하고 감격하며

불평함으로 받는 주의 진노를 면케 하여 주소서.

항상 감사의 찬송과 감격의 기도가

끊어지지 않게 하시고

이웃과 형제에게 참된 주님의 사랑을 베풀게 하여 주소서.

북한 땅에서도 하루 속히 우상을 없애고
주님을 찬송하고 주님께 간구함으로
저주의 땅이 축복의 땅으로 변하게 하여 주소서.
기아로 죽어가는 수많은 생명을 주께서 건져 주시고
그들의 비참한 현실을 오래도록 외면치 마시고
하루 속히 해결하여 주소서.
이를 위해 더욱 열심히 주님께 간구합니다.
주님, 속히 응답하여 주소서.

이 나라 방방곡곡에 주님을 향한 감사의 찬송이
메아리쳐 흐르게 하시고
삼천리금수강산 배달의 한민족이
21세기에는 주님의 축복을 가장 많이 받는
자랑스러운 민족이 되게 하여 주소서.
예수님의 이름으로 기도드립니다. 아멘.

1997. 06 • 3부예배 대표기도

공식
활동

—

열정과
열심의 날들

—

CTS 기독교TV 〈내가 매일 기쁘게〉 출연

소망교도소 기공식 감사예배
하나님의 사랑으로 수용자의 내면세계를 변화시킬 국내 첫 민영교도소

포항공과대학교(POSTECH) 발전기금 기증식

미군 장교 숙소 기공식
리언 라포트(Leon J. LaPorte) 미군 사령관과 장군 등
주한 미군 관계자들과 청운교회 장로, 성도님들이 함께했다.

사회공헌기업대상 수상

장학금 수여

꿈이 있어
행복한
미래를
만듭시다.

저는 짧은 인생의 여정에서 많은 변화를 겪으며 살아왔습니다.
가난도, 궁핍도, 고난도, 좌절도, 실패도,
승리도, 영광도, 축복도 모두 맛보았습니다.
행복의 순간은 꿈이 있을 때이고
불행의 순간은 꿈이 상실된 순간이었습니다.
인간은 꿈이 있어야 행복합니다.
모든 것을 가져도
꿈이 없으면 불행할 수밖에 없습니다.

- 2016년 신년사 중

CEO의 기도

지은이   이봉관

2016년 4월 15일 1판 1쇄 펴냄
2024년 4월 11일 1판 18쇄 펴냄

펴낸곳   도서출판 예수전도단
출판 등록   1989년 2월 24일 (제2-761호)
주소   서울특별시 강서구 양천로 424
         가양역 데시앙플렉스 지식산업센터 530호
전화   02-6933-9981 · **팩스** 02-6933-9989
전자우편   ywampubl@gracemedia.co.kr
홈페이지   www.ywampubl.com
임프린트   와웸퍼블

ISBN 978-89-5536-506-1

와웸퍼블은 도서출판 예수전도단의 임프린트입니다.
책값은 뒤표지에 있습니다. 잘못된 책은 바꾸어 드립니다.